USA: Von Küste zu Küste
Für wenig Geld mit dem Auto quer durch Amerika

von **Norbert Jäger**

W0464551

I. Inhaltsverzeichnis

II. REISETAGEBUCH

Endlich geht's los!

Erledigt. Flüge, Leihwagen und Quartiere für die ersten Tage sind gebucht, zwei Reisetaschen gepackt, Dokumente, Geld und Ausrüstung zusammengestellt. Jetzt kann's losgehen. Nach Amerika. Genauer, in die USA. Von Küste zu Küste. Vom Pazifik zum Atlantik. Von Kalifornien nach Florida. Von Los Angeles nach Miami. Im Leihwagen geschätzte 10.000 Kilometer. Durch vier Zeitzonen und 15 Bundesstaaten. Mit meinem Kumpel Berni, für den es die erste Reise in die Neue Welt ist. Ich selbst habe bereits ein Dutzend USA-Urlaube auf dem Buckel und bin bekennender Fan des American Way of Life.

Die Reiseplanung war eine schwere Geburt. Es sollte aus Kostengründen nicht die Hauptreisesaison sein, aber doch früh genug, um nicht vom Wintereinbruch überrascht zu werden. Und mit welchem Verkehrsmittel sollten wir den Kontinent durchqueren? Berni und ich sind beide Motorradfahrer. Allerdings keine eingefleischten, sondern eher Schönwetterfahrer. Also mit der Harley? Nein, das wäre zu stressig, sind wir uns bald einig.

Berni ist Wohnmobilfan und sein Traum ein original Airstreamer aus Aluminium. Kataloge besorgt, Preise verglichen, Reiseberichte von Motorhome-Urlaubern gelesen. Zu teuer, zu unbeweglich. Also doch die Kombination Pkw und Motels. Aber kaufen oder mieten wir ein Auto? Viele Fürs und Widers, endlich sind wir uns einig: Leihwagen!

Berni bekommt nur drei Wochen Urlaub, ich habe gut eine Woche länger Zeit. Deshalb fliege ich allein voraus. Mit LTU von Düsseldorf nach Ft. Myers, Florida. Von da per Leihwagen nach Tampa Bay, FL und weiter mit America West für 99 $ nach Las Vegas, NV. Wieder per Mietwagen nach Los Angeles, CA um dort 9 Tage nach meiner Abreise aus dem herbstlichen Deutschland Berni am L.A. International Airport in Empfang zu nehmen. Dort beginnt dann unser eigentliches Abenteuer der Kontinentdurchquerung. Wenn alles klappt, fliegen wir dann von Ft. Myers gemeinsam zurück nach Düsseldorf. Für meinen LTU-Flug Düsseldorf - Ft. Myers - Düsseldorf habe ich 399 € bezahlt, einschließlich Bahnrückfahrkarte. Berni zahlt für seinen LTU-Gabelflug Düsseldorf - L.A./ Ft. Myers - Düsseldorf 599 €. Am Abend vor meinem Abflug verabschiede ich mich von Berni. Wir vereinbaren als Treffpunkt für den Fall, dass ich nicht pünktlich am L.A. Airport sein kann, die Flughafenniederlassung des Leihwagenvermieters Alamo. Außerdem haben wir ja beide ein Handy dabei. Berni ist die Ruhe selbst als er sagt: „Du machst das schon, Norbert!“ Norbert, das bin ich. Adipös, hoch gewachsen, schütteres Haar, Kettenraucher, Ende 40, verheiratet, Vater zweier halbwüchsiger Prachtsöhne, freiberuflicher Journalist und Schriftsteller aus der Nähe von Dortmund. Ich habe da so meine Zweifel, antworte aber betont zuversichtlich: „Alles klar, Berni, Du kannst Dich auf mich verlassen. Wenn Du morgen in den Nachrichten nichts von einem Flugzeugabsturz hörst, bleibt es, wie besprochen. Wir sehen uns am sechsten Oktober in L.A.“ Meine Zweifel sind nicht unbegründet. Mit meiner Gesundheit ist es nicht zum Besten bestellt. Wie überstehe ich den 16stündigen Flug? Vor einigen Jahren hatte ich in 10.000 Metern Höhe über dem Nordatlantik eine Panikattacke, bin aus Angst vor einer Wiederholung dieses Vorfalls etwa drei Jahre überhaupt nicht mehr geflogen. Aber die Sehnsucht nach der Heimat von Cowboys und Indianern verdrängt schließlich all meine Zweifel und Ängste.

1. Tag

Es ist Samstag, der 27. September 2003. Um 07.31 Uhr komme ich am Bahnhof des Flughafens Düsseldorf an. 8 Grad Außentemperatur. Skytrain zum Terminal, Gepäckaufgabe, die üblichen Sicherheitskontrollen, im Duty Free Shop für 19 € eine Stange Marlboro gekauft.

Auf der Toilette vor dem Boarding zwei Nikotinpflaster 21 und 24,9 mg auf den Bauch geklebt. Im Flugzeug die erste kleine Enttäuschung. Hier hätte die Stange nur 17,50 € gekostet. Was soll's, für den Rückflug weis ich Bescheid. 11 Uhr Start, 7750 km Entfernung, gutes Essen, 2 Filme, mein Sitznachbar bietet mir Aachener Printen an, volle Maschine, ruhiger Flug, keine Probleme, Flugzeit 10:20 Stunden, Landung in Ft. Myers am Golf von Mexiko um 16.20 Uhr Ortszeit.

Odyssee im Land der unbegrenzten Möglichkeiten

Eigentlich wäre genügend Zeit, um die 240 km Richtung Norden nach Tampa zu fahren. Eigentlich. Die Passkontrolle geht schnell. Die Zollkontrolle jedoch dauert bereits geschlagene zwei Stunden und ein Ende ist nicht abzusehen. Ein einziger Zollbeamter für etwa 300 Passagiere. Und der geht zwischendurch sogar noch weg, um Pause zu machen. Jetzt reicht's! Ich strecke mein America West - Flugticket nach oben und rufe „Sir, I have to catch my connecting flight". Ich werde nach kurzem Blick auf mein Ticket durchgewunken und bin endlich im Land der unbegrenzten Möglichkeiten. Draußen ist es schwül. 31 Grad und fast 100 Prozent Luftfeuchtigkeit. In

2 1/2 Stunden geht mein Flieger und ich habe noch keinen Leihwagen. Mit dem Shuttle-Bus zu Alamo. Etwa zehn Personen vor mir in der Warteschlange. Sofort zum Manager. Ticket zeigen, „I have to catch…", Voucher, Kreditkarte und Führerschein vorlegen, den Vertrag initial, initial, sign,
5 Minuten später habe ich meinen Kleinwagen und düse auf der I-75 (Interstate, vergleichbar mit deutscher Autobahn) schneller als die Polizei erlaubt nach Norden. Biege in Höhe St. Petersburg auf die I-275, den mautpflichtigen „Sunshineskyway" ab. Mir ist allerdings nicht danach zu Mute, die herrliche Aussicht auf die Bay zu genießen. Ich erreiche den Flughafen etwa eine halbe Stunde vor Abflugzeit, folge der Beschilderung „Return Rental Cars". Avis, Hertz, Budget - aber kein Alamo. Die haben ihr Gelände aus Kostengründen nicht direkt am Airport. Da, ein leerer Alamo-Shuttlebus. Ausgestiegen, den Fahrer gebeten, vorauszufahren und mir den Weg zu zeigen „I have to catch..." Macht der auch sofort, gibt richtig Gas, will noch nicht mal ein Trinkgeld annehmen. Auto zurückgegeben, mein Gepäck in einen anderen Shuttle geladen, zum Terminal gefahren, mit meinen beiden schweren Taschen zum Schalter gehetzt, noch 10 Minuten bis Abflug. Zu spät, Schalter bereits geschlossen. Alles Reden hilft nichts, die Aussicht auf ein dickes Trinkgeld auch nicht. Am benachbarten Continental-Schalter, der auch die America-West Flüge mit betreut, kann man mir nur freundlich anbieten, kostenlos umzubuchen. Für morgen, natürlich. Aber keinen Direktflug, sondern über Phoenix, AZ.
„I have no choice?" frage ich resigniert. Achselzucken als Antwort. Okay, also morgen früh.
Wo schlafen? In Las Vegas ist ein Zimmer für mich reserviert, aber das hilft mir jetzt nicht. Eine Ebene tiefer befindet sich im Flughafen eine Hoteltelefonwand. Preise verglichen. Die

‚Econo-Lodge' ist mit 45 $ am Billigsten. Angerufen. Ja, es sei was frei. Für den kostenlosen Shuttle-Service wäre es allerdings bereits zu spät. Ich solle ein Taxi nehmen. Das koste etwa 10 $. Dieser Betrag würde dann vom Zimmerpreis abgezogen. Der Taxifahrer spricht noch schlechteres Englisch als ich, kommt aus Hongkong. Verfährt sich, will beim Hotel angekommen, 14 $ haben. Ich bin adrenalingesättigt, enttäuscht und durchgeschwitzt. Keinen zusätzlichen Stress wegen der 4 $ Differenz. Quittung. Tschüs. Eingecheckt. Als ich das Zimmer aufschließe, bekomme ich einen Schreck. Schäbig, volle Mülleimer, dreckig. Wenigstens die Bettwäsche scheint gewechselt worden zu sein. Egal, duschen und schlafen, vorher endlich die Nikotinpflaster entfernen. Bereits seit dem Verlassen des Flughafens in Ft. Myers rauche ich wieder. Den Zeitunterschied von sechs Stunden eingerechnet, bin ich jetzt 25 Stunden auf den Beinen. Ich schlafe ein mit dem Gedanken, dass Amerika mich wie schon so oft, auch diesmal vielfach für die Strapazen der Anreise entschädigen wird.
Ursprünglich wollte ich die Strecke, die ich heute fliege, mit dem Auto zurücklegen, um die Einwegmietgebühr zu sparen, saftige 500 $ plus Steuern und Gebühren. Diese nach Entfernung gestaffelte Zusatzgebühr wird bei allen Autoverleihern fällig, wenn man den Leihwagen nicht im selben Bundesstaat zurückgibt. Aber je mehr ich mich bei der Reisevorbereitung mit den Distanzen befasste, desto größer wurde mein Respekt vor diesem Kontinent. Das Internet-Programm www.routes.com errechnete für diese Strecke eine reine Fahrzeit von 52:45 Stunden. Wohlgemerkt, ohne Pausen und unter der Annahme idealer Bedingungen. Also habe ich umdisponiert und übers Internet ein 99 $ - Flugticket gekauft. Jetzt brauche ich für die Strecke nur etwa 5 Stunden. Eigentlich sollte ja schon der Weg das Ziel sein. Aber es bleibt noch

genügend Rück-Weg übrig. Und man soll ja bekanntlich nichts übertreiben.

2. Tag

Schon um 05:30 Uhr werde ich wach. Das im Übernachtungspreis enthaltene Frühstück ist mickrig und sieht ekelig aus. Also mache ich mich zu Fuß zum nahe gelegenen Perkins-Restaurant. „Just me, smoker please." sage ich gutgelaunt, als mich die Bedienung in Empfang nimmt, um mir einen Platz zuzuweisen. Was ich dann erfahre, schockiert mich Nikotinsüchtigen: Seit Juli diesen Jahres gilt in ganz Florida striktes Rauchverbot in allen Restaurants. Ich bin schon wieder auf dem Weg nach draußen, überlege es mir wegen meines knurrenden Magen anders und setze mich doch. Statt des geplanten ausgiebigen Frühstücks mit Shirloin-Steak beschränke ich mich auf ein „kleines" Breakfast, bestehend aus Kaffee bis zum Abwinken, einer Karaffe frisch gepressten Orangejuices, Hashbrowns (geraspelte Bratkartoffeln), eggs over hard (Spiegeleier beidseitig gebraten) und einem frisch gebackenen Blueberry-Muffin zum Nachtisch.
An einer Tankstelle kaufe ich bei ‚Seven-Eleven' für den Flug zwei Club-Sandwichs, Wasser und Ginger-Ale. Vom Hotel im Kleinbus zum Flughafen. Ich bin der einzige Fahrgast. In der Nähe des Airports kommen wir am Stadion der heimischen Buccaneers vorbei. Der Fahrer hält auf meinen Wunsch hin an. Imposante Arena. Hinter der Anzeigetafel ein farbenprächtiges Piratenschiff im Maßstab von etwa 1 : 2. Beeindruckend. Die Tampa Bay Buccaneers sind amtierender „World Champion" im American Football. Vor fast genau 10 Jahren war ich mit meinem jüngsten Bruder beim Superbowl, dem Endspiel der NFL. In dem 105.000 Zuschauer fassenden Rose-Bowl Stadion in Pasadena, CA gewannen die Dallas Cowboys damals den

Titel gegen die Buffalo Bills. Wenn ich an die Ticketpreise denke, wird mir noch heute fast schwindelig. Mich interessiert der US-Sport. Football, Hockey, Golf und Basketball. Nur Baseball finde ich zum Gähnen langweilig. Die Amis sehen das mehrheitlich völlig anders.
Am Airport bekomme ich für beide Flüge Plätze vor den Notausgängen, kann die Beine also richtig ausstrecken. Vor dem Abflug „vereidigt“ uns die Chefstewardess. Seid Ihr der englischen Sprache mächtig und bereit, im Notfall die Evakuierungspflichten zu übernehmen? „Yeah“, kommt es zaghaft aus den Kehlen der angesprochenen Passagiere. „Ich verstehe nichts“, erwidert mit ernster Miene die Dame im blauen Kostüm. „Yeah!!“ antworten jetzt die Air-Deputys lauthals. Ich komme mir fast vor wie bei meiner eigenen Hochzeit. Diese Zeremonie wiederholt sich auch auf dem Anschlussflug, allerdings sorge ich mit meinem überdimensionierten Resonanzkörper dafür, dass bereits das erste „Yeah“ ausreichend laut ist.
Die beiden Flüge verlaufen ausgesprochen glatt. Allerdings gibt es auf beiden Flügen nichts zu essen oder trinken. Gut, das ich vorgesorgt habe. Für amerikanische Verhältnisse sind es Kurzstreckenflüge. Nur von vier Stunden Flugzeit Tampa nach Phoenix, AZ und von dort knapp eine Stunde nach Las Vegas, NV. Nicht ein Passagier klatscht nach den butterweichen Landungen. Das ist doch schließlich der Job des Piloten!

Unser Auto, der Roadrunner

Nach Verlassen der Gangway erwarten uns bereits im Ankunftsterminal Spielautomaten. Die „einarmigen Banditen“ heißen uns im Spielerparadies Las Vegas willkommen. Ich eile an den blinkenden Kriminellen vorbei nach draußen. zu den

wartenden Shuttle-Bussen der Autoverleiher. Hier schlägt mir bei strahlend blauem Himmel eine trockene Hitze entgegen, die nach Auskunft von Einheimischen für diese Jahreszeit ungewöhnlich hoch ist. Über 100 degrees Fahrenheit, also um die 40 Grad Celsius. Nach 33° in Tampa und 35° in Phoenix eine weitere Steigerung. Tauwetter für Dicke. Ich freue mich, als ich im klimatisierten Alamo-Shuttlebus sitze. Jetzt steht eine für das Gelingen der Reise wichtige Verhandlung an. Als „low-budget“ Reisende haben wir die billige Compact-Leihwagenklasse gebucht. Diese Fahrzeuge haben aber wenig Platz im Kofferraum, geringe Armfreiheit und keinen Tempomat. All das brauchen wir jedoch dringend angesichts der riesigen Entfernungen. Bei zurückliegenden USA-Reisen ist es mir stets gelungen, mit guten Worten und einem Trinkgeld ein kostenloses Upgrade, also einen besseren Wagentyp zu erhalten. Diesmal beiße ich auf Granit. Der Alamo-Mitarbeiter am Schalter lässt sich nicht erweichen. Ich verlange den Manager zu sprechen. Aber auch der ist nicht bereit, einen größeren als den gebuchten Wagen rauszurücken. Bezahlen können wir ein Upgrade nicht. Das wären etliche hundert Dollar mehr. Wir haben den Wagen durch Vorausbuchung bei Holiday-Autos in München zwar erheblich billiger bekommen als bei Anmietung vor Ort, aber mehr ist im Reiseetat für diesen Posten nicht vorgesehen.
Ich drücke also die 578,70 $ Einwegmiete ab und gehe zähneknirschend nach draußen. Aus der Reihe „Compact“ darf ich ein Auto meiner Wahl nehmen. Die Zündschlüssel stecken. Platz ist hier für etwa 50 Compact-Autos, aber nur drei sind noch da. Winzige Wägelchen für amerikanische Verhältnisse. Ich prüfe alle drei Fahrzeuge. Kilometerstand, Ausstattung, Innenraum, Größe des Kofferraums. Das haut niemals hin mit dem Platz für uns und unser Gepäck, stelle ich frustriert fest.

Außerdem keine Cruise Control, ein Unding bei Abertausenden von Meilen auf Straßen mit streng überwachtem Tempolimit. Es mögen bereits 20 Minuten vergangen sein, die ich mich bei den Autos aufhalte; zwei sind von weniger wählerischen amerikanischen Kunden bereits zum Ausgang gefahren worden. Da kommt ein Angestellter auf mich zu und fragt höflich, ob irgendetwas nicht in Ordnung sei.

„Und ob etwas nicht in Ordnung ist!“ mache ich meiner Seele Luft. „Ich bin seit über 10 Jahren Stammkunde von Alamo. Jetzt fahre ich mit dem Auto vier Wochen lang quer durch Amerika. Tausende von Meilen. Der Wagen ist unser Wohnzimmer, unser Esszimmer und notfalls unser Schlafzimmer. Wir haben jede Menge Gepäck, aber keinen Platz. Und keinen Tempomat. Und eine Wahl habe ich auch nicht mehr, das hier ist der letzte Compact.“

Freundlich und gelassen erklärte Juan, so sein Namensschild, dass er mich voll und ganz verstehe. Er könne mir einen Fullsize anbieten, der über viel Platz und einen Tempomat verfüge. Den wolle sonst niemand haben, weil er weiß lackiert sei. Er führt mich zu der Reihe der Fullsize-Autos. Meine Taschen lasse ich einfach stehen, die Hitze setzt mir arg zu. Da steht er, in strahlendem Weiß. Nagelneu. Ein Chevrolet Malibu Classic. Riesenkofferraum, erst 1200 Meilen auf dem Tacho, alles elektrisch, Tempomat, Klimaanlage, Automatik, CD-Radio, Multifunktionsfernbedienung, automatische Lichtzuschaltung, Bedientasten am Lenkrad. Ein Traum, ein richtiges Auto, wie geschaffen für unsere Zwecke. Zwei Nevada-Kennzeichen, The Silver State. „Ja, den würde ich gerne nehmen - geht das denn so ohne weiteres?“ „Klar, ich bin der verantwortliche Fuhrparkmanager“, entgegnet Juan. Er macht einen handschriftlichen Vermerk auf meinem Mietvertrag „Fullsize o.k., Juan“, und sagt „That’s it. Enjoy your trip.“

Überschwänglich bedanke ich mich, das angebotene großzügige Trinkgeld lehnt er jedoch entschieden ab mit dem Hinweis. „That's my job, Sir.“ Ich rein ins Auto, zu meinem Gepäck zurückgefahren und eingeladen, noch einmal zu Juan, der sich gerade mit einem Mitarbeiter unterhält und gefragt, ob zwei Kennzeichen in Nevada Pflicht seien. Nein, nur hinten müsse eines befestigt sein. Dieselbe Frage und dieselbe Antwort bei der Abfertigung an der Hofausfahrt. Hier wird das Auto registriert. Kaum habe ich das Gelände verlassen, fahre ich auf einen Parkplatz, stelle die Klimaanlage auf volle Touren und freue mich wie ein Schneekönig. Hatte ich es also doch wieder mal geschafft. Berni würde zufrieden sein. Mit den Schaltern und Knöpfen vertraut gemacht, Spiegel eingestellt, Sitz ganz nach hinten - herrlich. In diesem Moment war ich glücklich, ehrlich! Später, als ich eine persönliche Beziehung zu diesem Auto aufgebaut habe, gebe ich ihm den Namen „Roadrunner“, in Anlehnung an die Comicfigur und die flinken Laufvögel, die hier im Südwesten heimisch sind.

Zocken in Las Vegas

Nach kurzem Blick auf den Stadtplan von Alamo stehe ich nach wenigen Minuten Fahrt vor dem Hotel-Casino Key Largo, nur etwa 2 Blocks vom Strip entfernt. Hier bleibe ich für 35 $ nur eine Nacht, bevor ich ins Circus-Circus direkt am Strip für 29,99 $ pro Nacht umziehe. Das Key Largo ist klein, fast familiär. Mein Zimmer befindet sich im Erdgeschoss, ist ruhig gelegen, groß, sauber und komfortabel. Mit Badehose und Birkenstock-Sandalen gehe ich zum nahegelegenen Pool. Das Wasser ist fast schon zu warm. Ich tauche, schwimme, lasse mich treiben und richtig durchweichen. Danach springe ich unter die Dusche und ziehe mir frische Klamotten an. Jetzt fühle

ich mich wieder wohl und gewappnet, das Casino zu erkunden. Das Wasser in der Duschwanne fließt nicht ab. Dieser Umstand stört mich nicht im Geringsten. Erstens habe ich nun mal zwei linke Hände, zweitens läuft das Wasser noch nicht über den Wannenrand und drittens kann sich das Zimmermädchen morgen ihr Trinkgeld mal wirklich verdienen. Beim Trinkgeld war ich übrigens zu keiner Zeit meiner Reise knauserig. Zu viele im Dienstleistungsbereich Beschäftigte erhalten überhaupt kein Grundgehalt und leben ausschließlich vom Tip. Ich erkunde das Casino in dem Outfit, das ich erst am Rückflugtag wieder wechsele: Sandalen, barfuss, kurze Hose und T-Shirt. Das ist hier voll gesellschaftsfähig. Im Freien kommen noch Käppi und Sonnenbrille hinzu. Das Casino ist deprimierend klein. Nur einige Hundert Spielautomaten, ein einziger BJ-Tisch, eine winzige Sportwetten-Theke, kein Roulette, kein Pokerraum. Verlorene Seelen hängen vor Slot-Mashines, Einsatz ein Penny. Und weil die Drinks nichts kosten, jede Menge grölender, weil alkoholisierter Touristen. Nein, Danke! Da interessiert mich schon eher ein Raum, dessen Tür offen steht und das Schild „Werkstatt“ trägt. Schnell hat der Mechaniker des Casinos mit einer Zange das solide Stahlseil durchtrennt, an dem beide Autoschlüssel hängen. Es ist mir seit Jahren ein Rätsel, warum die Autoverleiher so verfahren. Darauf angesprochen, bekomme ich von den Angestellten stets beschieden: “Zerschneiden Sie den Ring selbst, wir dürfen es nicht.“ Das war zuerst auch leicht mit einer stabilen Schere zu schaffen, doch die Drähte wurden von Jahr zu Jahr dicker und stabiler. Nun habe ich also einen separaten Ersatzschlüssel, den Berni erhalten soll.
Im einzigen, aber guten und billigen Restaurant des Hotels esse ich zu Abend. O Wonne, hier in Nevada ist das Rauchen noch überall erlaubt. Da schmeckt das Steak für unglaubliche 3,99 $ im ‚Korallencafe’ doppelt so gut.

3. Tag

Herrlich ausgeschlafen, im Korallencafe ausgiebig gefrühstückt. Cornedbeefomelette, lecker.
Um diese Zeit gibt es kaum noch oder noch nicht Cocktailleichen. Jetzt setze ich mich an den BJ-Tisch. Es läuft gut an diesem Vormittag. Als ich aufstehen will, fordert man mich zum „colour up“ auf, also lasse ich die kleinen Jetons gegen andersfarbige wertvollere umtauschen. An der Kasse die Jetons zum Umtausch in Bargeld vorgelegt, greift die Kassiererin erst einmal zum Telefon und ruft am BJ-Tisch an. Reine Formsache, wird mir versichert. Bevor ich zum Packen auf mein Zimmer gehe, diskutiere ich mit dem BJ-Manager Bill ein kleines Problem. Bis 11 Uhr muss ich im Key Largo ausgecheckt haben, kann aber frühestens um 13 h im Circus-Circus (CC) einchecken. Bill spricht mit der Rezeptionistin und reckt den Daumen nach oben. Okay. Wenn ich nachher weiter BJ spiele, geht der kostenlose Late Checkout klar. Ich schlage mit kleinen Einsätzen die Zeit bis zum Umzug tot, behalte meinen Gewinn vom Morgen.
Ohne Gepäck betrete ich das CC und irre zu meinem Zimmer im 21. Stock des Skyrise-Towers. Ich beauftrage einen Kofferträger mit dem Gepäcktransport. Das CC ist eine eigene kleine Stadt, wie die anderen großen Casino-Hotels auch. Man braucht einen Plan, um sich zurechtzufinden und fast einen halben Tag, um alles einmal gesehen zu haben. Nichts ausprobiert, nirgendwo reingegangen, nur gesehen. Mehr als ein Dutzend Restaurants, Hunderte von Shops, Zirkusarena, Vergnügungsparks, Achterbahn, Pools, Bars, hoteleigene Schwebebahn, drei verschiedene Hotelkategorien, etwa 20 Schalter in der Lobby - Wahnsinn! Hinzu kommt natürlich noch das volle Programm für

Zocker, Gambler, Spieler oder wie immer man diejenigen bezeichnen will, die Geld einsetzen, um mehr Geld zu gewinnen. Die Neugierigen, die Abergläubischen, die Masochisten, die Genießer, die Exzessiven, die Systemgläubigen, die Mathematiker, die Profis, die Süchtigen, die Verlorenen. Hier trifft man jeden Typus und Mischtyp. Abertausende unterschiedlicher Geldspielautomaten in jeder Einsatzhöhe, allein im CC. Manche Geräte sind vernetzt und locken mit Jackpots in Millionenhöhe. Schon lange vorbei sind die Zeiten, in denen man Münzen einwerfen musste. Das geht zwar noch, aber jedes Gerät nimmt auch Scheine an. Und gewinnt man ausnahmsweise mal, klimpern nicht mehr die Münzen im Ausgabeschacht, sondern ein computergeneriertes Gewinnticket kommt dezent surrend aus einem der vielen Schlitze.
Dazu jede Menge Black-Jack-Tische in diversen Spielvarianten, Roulette, Keno (Bingo-ähnlich), Würfeltische, Glücksräder, Sportwetten, Carribean Poker und klassisches Poker am ovalen Tisch. Texas Hold'em, Omaha und Seven-Card Stud. Zurück auf meinem Zimmer packe ich meine beiden Reisetaschen aus. Hier bleibe ich vier Tage. Am Telefon blinkt eine rote Lampe. Ich rufe die Rezeption an und erfahre, dass Post für mich bereit liegt.

Pokerface

4. bis 6. Tag

Vormittags bin ich jeden Tag mit dem Auto unterwegs, um Erledigungen zu machen. Nachmittags sitze ich im Pokerraum des CC, abends schaue ich mir andere Casinos an und spiele BJ.

Vergeblich suche ich eine ‚Walmart'. Bis ich herausfinde, dass die hier in Nevada ‚Smiths' heißen. Dort kaufe ich Ausstattung fürs Auto, Getränke, Lebensmittel und Auftragsbestellungen. Ein spezielles Deo, das in D (Deutschland) aus dem Sortiment genommen wurde, Nivea-Bodylotion mit einer hellblauen Verschlussklappe für besonders trockene Haut, die es nur in Kanada und den USA gibt, wie auch die Brausestangen für meine Söhne. Einen Extrarabatt bekommt man mit einer Kundenkarte. Die habe ich nicht. Eine Kundin mit Kindwagen gibt mir einen Tipp. Jede Kassiererin habe eine Karte für Fälle wie mich. „Maam', please slide your card!" No Problem. Auf der Quittung wird ausgewiesen, dass ich durch das Benutzen "meiner" Kundenkarte 12,73 $ gespart habe. Ein befreundeter Apotheker hat mich gebeten, ein US-Arzneimittelverzeichnis mit Preisliste zu besorgen. Als Buch mehrere Kilo schwer. Also klappere ich drei Pharmacies ab, bis ich an einen hilfsbereiten Apotheker gerate. Er hat nur ein Exemplar, schreibt mir aber Titel und 800er-Telefonnummer des Verlages auf einen Zettel. Vom Hotel aus ein Anruf. „Na klar liefern wir nach D" erklärt die freundliche Telefonistin. Billig ist es nicht, aber ich habe preisgleich die Wahl zwischen gedrucktem Exemplar, reiner Internetabfrage und CD-ROM mit kostenlosem Internetupgrade. Ich entscheide mich für die CD.
An der Sahara Avenue Ecke Eastern befindet sich das Driving Licence Office. „Sorry", nach dem Anschlag auf das World Trade Center am 11. September, "no documentation for B 1+2-Visa-holders". Da hilft kein argumentieren, basta! Also kein US-Führerschein oder ID-Card, die manches ermöglichen oder erleichtern würden.
An einer Tankstelle frage ich den Mechaniker, ob er sich 5 $ verdienen will. Sure. Ruck zuck vorderes amtliches Kennzeichen abgeschraubt, mein persönliches drangemacht.

„The unreachable Norbert“ prangt in schwarzen Buchstaben auf dem Schild neben einem gebeugt auf seinem Pferd sitzenden Indianer mit Lanze. ‚The End of the Trail' heißt das bekannte Motiv. Im CC in zwei Shops Magnetsticker der einzelnen Bundesstaaten sowie gebrauchte Kennzeichen der Staaten gekauft, durch die wir fahren werden. Erstere sollen 1,50 $, letztere 9,99 $ pro Stück kosten. Die Verkäuferinnen verneinen die Frage, ob es denn angesichts der großen Stückzahl einen Rabatt gebe. Dann mögen sie bitte mit dem Manager telefonieren, bleibe ich hartnäckig. Und siehe da, die Manager gewähren mir 20 % Rabatt für die Magnete und sogar 25 % für die Tags. Na also, es geht doch. Schließlich bin ich ein Hammel und kein Schaf. Ich kaufe Ansichtskarten, vier Stück für einen Dollar. Dazu Sonderbriefmarken, Porto nach D 0,70 $. Größere Auswahl und schönere Motive gibt's bei den 37-Cent-Marken, dem Brief- Inlandsporto. Auch davon werden welche gekauft, die vier Cent Unterschied werden mich nicht arm machen. Ich habe versprochen, aus jedem Staat eine Karte zu schicken. Meine Versprechen halte ich. Die Familie bekommt 15 Ansichtskarten, 3 davon trudeln erst nach meiner Rückkehr ein. Mein Bruder Martin, der Münzsammler, hat mich gebeten, Quarter mitzubringen. Jeder Staat bringt in der Reihenfolge des Beitritts zur Union eine eigene 25-Cent-Münze heraus. In einer ‚Walgreens' finde ich ein Quarter-Sammelalbum für einen Dollar. Jetzt kann ich gezielt suchen und sammeln. Einen Tag, bevor ich Las Vegas verlasse, fehlen mir noch drei Quarter aus 2003. Maine, Illinois und Arkansas. Ich gehe zur Hauptkasse und setze eine Belohnung von 5 $ für jede dieser drei Münzen aus. Die Damen gehen wie wild an die Suche. Sie werden nicht auf Anhieb fündig. Wir vereinbaren, dass ich in 2 Stunden wiederkomme. Stolz werden mir dann die Münzen von Illinois und Maine präsentiert, ich schiebe einen 10-$-Schein unter dem

Käfiggitter hindurch. Arkansas erscheine leider erst Ende des Jahres. Abends bin ich im Stratoshere Tower, fahre zum Seniorentarif für 4 statt 8 $ mit dem Aufzug zum „Top of the World“, wo ich meinen im Preis enthaltenen Drink im Drehrestaurant nehme. Beim Rausgehen gewinne ich bei einem BJ-Quickie 250 $. Der Weg vom Eingang jeden Casinos zu dessen Attraktionen führt stets an den Spieltischen und Automaten vorbei. Die Versuchung ist allgegenwärtig, die Casino-Planer Meister ihres Fachs. Anderntags gucke mir nach Sonnenuntergang die Wasserfontänenspiele beim Bellagio an, gehe vergeblich zu den Piratenschiffen vorm Treasure Island. Vorrübergehend geschlossen, die Show wird umgestaltet. Nach dem Motto „More Sex, less Violance“, erfahre ich später. Im Riviera, direkt vis á vis des CC, sind relativ wenig Touristen und viele eingefleischte Zocker an den BJ-Tischen. Da ich nicht nach der Wahrscheinlichkeitstabelle (siehe **Zocken**), sondern auf Sicherheit spiele, werde ich gemobbt. Zwei Mitspieler schenken mir ein teueres Showticket, um mich loszuwerden. So nicht, denke ich und verschenke das Ticket an einen jungen Zuschauer. Die zwei Spieler stehen auf und gehen demonstrativ an einen anderen Tisch. Ich bleibe sitzen und gewinne, ganz im Gegensatz zu den anderen. Die kaufen sich oft tot, ich nehme ab 12 keine Karte mehr und profitiere oft davon, dass sich die Bank überkauft. Sich bietende Chancen zum Splitten und Doppeln bei schlechter Karte der Bank nutze ich konsequent. Am Ende habe ich über 300 $ gewonnen. Ich frage nach Rocky, dem fingerfertigen, legendären Dealer, der mit seinen unglaublichen Kartentricks auch locker im Zirkus hätte auftreten können. Retired, aufs Altenteil zurückgezogen. Lebt jetzt in Houston, TX. Schade!

Insgesamt wollte ich in Las Vegas höchstens 500 Dollar verspielen. Ich habe jedoch unterm Strich mehr als das Doppelte dieser Summe gewonnen. Am liebsten sitze ich im Pokerraum des CC, der wie das ganze Casino rund um die Uhr geöffnet ist. Hier trifft man Jung und Alt, Frauen wie Männer, aus allen Teilen der USA und aus aller Welt. Da Poker ein Geduldsspiel ist und man sehr oft die Karten wegwirft ohne zu setzen, bleibt viel Zeit für Unterhaltungen. Meine Englischkenntnisse verbessern sich fast von Stunde zu Stunde. Witzigen Anekdoten werden erzählt, es wird gefachsimpelt, keiner macht einen Hehl aus seinem Beruf, seinem Wohnort oder seinen Lebensumständen. So nebenbei erhalte ich jede Menge nützlicher Informationen. Vier Stunden dauere es mit dem Auto nach L.A., wenn man 80 fahre. Nein, wirft der Nachbar ein, auf dieser Strecke werde viel geblitzt. Man müsse schon viereinhalb Stunden rechnen. An der Fremont Street gebe es abends eine tolle Lichtshow. Gratis. Und so weiter. Bei meinem ersten Besuch sind alle Plätze belegt. Den Manager bitte ich, die Spieler zu fragen, ob mir einer seinen Platz für 20 $ verkauft. „Save your money“, erhalte ich zur Antwort. „Ich kenne einen, der steht für 5 $ auf.“ Und tatsächlich. Ich steige in die Pokerrunde ein, die Buy-in-Jetons werden mir an den Tisch gebracht. Wo ich den herkäme und wie ich heiße. Joe, sage ich der Einfachkeit halber, aus Switzerland in Europe. Toll, klingt es mir entgegen, fast jeder hier am Tisch hat einen europäischen Background, also einen Vorfahren aus der alten Welt. Ob es am Gehör der an diesem Tag überwiegenden älteren Mitspieler liegt oder daran, dass einer laut sagt, er habe Verwandtein Schweden: am nächsten Tag werde ich als Joe from Sweden begrüßt und vorgestellt. Auf eine Richtigstellung verzichte ich. Europa ist so weit weg und für die Amis hier macht es keinen Unterschied, ob Schweden oder Switzerland. Da ich nur die Regeln einer Pokervariante kenne und die hierfür erforderliche Spieltaktik beherrsche, spiele ich nur 7-card-Stud-Poker, Einsatzhöhe 1/5.

Setzen darf man also höchstens 5 $ pro Setzrunde, mindestens jedoch einen Dollar. Das Casino behält 3 % vom Einsatz. Dafür gibt es hier im Pokerraum nicht nur neutrale Dealer, sondern auch kostenloses Essen. Die Getränke sind in allen Casinos ohnehin frei. Beim Pokern lerne ich auch L.C. kennen, einen sympathischen Afroamerikaner aus North Las Vegas. Anfang 30, Familienvater, Linienbusfahrer, Ex-Marine. Wir kommen ins Gespräch und später ins Geschäft. L.C. hilft mir dabei, zum Selbstschutz eine Waffe zu kaufen (siehe **Sicherheit**).

Im Redwood-Forest

7. Tag

So langsam habe ich genug von Las Vegas und dem Zocken. Mich zieht es auf die Road, in die Weite des Landes. Seit Tagen überlege ich, wie ich die Zeit nutze, die mir bis zu Berni's Ankunft bleibt. Per Flieger nach Portland, Oregon, wo die deutsche Frauen im Fußballweltmeisterschaftsfinale stehen? Nein, kein Sport, lieber Natur. Am liebsten würde ich zu dem weltbekannten Geysir „Old Faithful" im Yellowstone Nationalpark fahren Aber nach Wyoming ist es viel zu weit. Bleibt noch die Wahl zwischen den Riesenkakteen im Organ Pipe National Monument nahe Tucson, Arizona in der Sonora-Wüste oder den Riesen-Redwood-Bäumen im Sequoia-Nationalpark in der Sierra Nevada Kaliforniens. Meine Wahl fällt auf die Redwoods im Giant Forest, beeinflusst durch die Textzeile „From redwood forest to the gulf stream waters" des Country-Song-Klassikers „This land is your land" von Woody Guthrie. Nachmittags ist es endlich soweit. Auf die I-15 S. Speedlimit 70 Meilen. Tempomat auf 75 gestellt, Radio auf einen Country-Musik-Sender getunt. Enjoy! Die Fahrt geht über die Berge der Sierra Nevada runter in die Mojawewüste, von über 4000 auf unter 2000 feet. Der Tempomat muss angesichts der Steigungen häufig runterschalten. Zwei Stunden Fahrt Richtung Westen, der untergehenden Sonnen entgegen. Ohne Sonnenbrille wäre es jetzt ein Blindflug! Der Halbmond in Fahrtrichtung links neben mir. Ob er zu- oder abnimmt, werde ich in ein paar Tagen wissen. Über die Staatsgrenze nach Kalifornien, „The Golden State", in Barstow auf den HW 58 W nach Bakersfield, von dort über den HW 65 N nach Porterville. Spätabends komme ich am Motel 6 an. Gut, das ich eine „guarenteed-late-arrival-reservation" habe, denn die Unterkunft ist ausgebucht.

8. Tag

In endlos erscheinenden Serpentinen geht es hoch bis auf über 2000 Meter zum Eingang des Sequoia-Nationalpark. Statt eines Tagestickets für 10 $ kaufe ich mir einen National Parks Pass, früher „Golden-Eagel-Pass", für 50 $. Dieser berechtigt mich und alle Insassen meines Autos für ein Jahr zum kostenlosen Besuch aller Nationalparks bundesweit. Im Laufe des Tages sehe ich ein braunes Erdhörnchen, ein silberfarbenes Eichhörnchen und sogar zwei Schwarzbären in freier Wildbahn. Auf die Allesfresser werde ich nur aufmerksam, weil sich vor mir ein Stau gebildet hat und sämtliche Insassen am Straßenrand stehen und in eine Richtung blicken. Ranger fordern uns nach einigen Minuten nachdrücklich dazu auf, die Straße zu räumen. Natürlich schaue ich mir den mit 31 Meter Umfang größten Baum der Welt an, den General Sherman Tree im Giant Forest. Ein gefrästes Loch ermöglicht mir die Fahrt mit meinem Roadrunner durch einen umgestürzten Redwood-Riesen hindurch. Meine Notdurft verrichte ich hinter einem 3000 Jahre alten Redwood. Dabei komme ich mir so klein und unbedeutend vor, wie sich ‚Idefix' an einer Eiche fühlen dürfte. Der steile Aufstieg zum Moro Rock auf 6725 feet setzt mir gewaltig zu. Dünne, sauerstoffarme Luft, über 400 schmale, in den nackten Fels gehauene Stufen und meine schlechte Kondition zwingen mich keuchend zu mehreren Erholungspausen. Auf dem Gipfel angelangt, werde ich durch den herrlichen Panoramablick für die Strapazen belohnt. 150 Meilen Fernsicht, die bizarren Gipfel der Sierra, alle überragt vom Mount Whitney, dem mit 4418 Metern höchstem Berg der zusammenhängenden USA. So wird das kontinentale Kernland bezeichnet, also ohne Alaska und Hawaii. Über die Highways 63, 99 und 58 fahre ich durch Obst- und Weinanbaugebiete, vorbei an weidenden Viehherden. Berni würde sagen: "Hier wachsen unsere Steaks."

Route 66

In Barstow, CA direkt an der alten Route 66 werde ich die nächsten zwei Nächte für je 27 $ plus Steuern im Motel 6 übernachten. Mein Abendessen besteht aus zwei zuvor bei ‚Subway' frisch zubereiteten, leckeren Sandwichs. Die eintönig brummende Klimaanlage lässt mich schnell einschlafen.

9. Tag

Morgens freue ich mich auf ein reichhaltiges Frühstück bei ‚Dennis'. Doch auch in Kalifornien gilt Rauchverbot. Daher kaufe ich bei ‚Jack in the Box' Sonderangebots-Tacos für 50 Cent (c) und Kaffee. Zum Probeschießen begebe ich mich in einen entlegenen Teil der Mojawe-Wüste. Anschließend reinige ich im Motel die Waffe, besorge dann Ausrüstungsgegenstände fürs Auto. Mein Wagen benötigt dringend einen

Zigarettenanzünder, der wohlweißlich aus D mitgebrachte funktioniert nicht. Aus den meisten Leihwagen wird der Zigarettenanzünder entfernt. Ein neuer Anzünder aus dem Autozubehörladen schafft keine Abhilfe. Also zu einer freien Autowerkstatt, die sogar sonntags geöffnet ist. Dummerweise erwähne ich bei der Fehlerbeschreibung, dass es sich um einen Mietwagen handelt. Sofort wird der Mechaniker abweisend, „I don't touch a rental car!" und verweist mich auf den Vertragshändler oder die Verleihfirma. Er dürfe keinen Mietwagen reparieren. Das ist mir neu. Also zünde ich mir meine Zigaretten einstweilen weiter mit dem Feuerzeug an. Vielleicht kann Berni den Fehler beheben. Apropos Berni. Der landet morgen in L.A. Ich freue mich schon auf seine Ankunft. Ihm zu Gefallen reinige ich Roadrunner an einer Münzwaschanlage von innen und außen. Danach suche ich die Orte auf, die hier an die Historic Route 66 erinnern, das Museum und ein gleichnamiges Motel. Diese oft besungenen Route, auf der einst Millionen von Menschen aus dem Osten und Mittleren Westen nach Kalifornien reisten, verlief von Chicago, IL über 3500 km nach Los Angeles, CA. Die Fahrt dauerte bis 1932, als die Straße geteert wurde, einen ganzen Monat. Die US 66 ist größtenteils durch moderne Fernstraßen ersetzt worden und nur noch abschnittsweise im Originalzustand vorhanden. Auf unserer Reise durch den Kontinent stoßen wir noch häufig auf die legendäre Trasse, bevor diese in Oklahoma City, OK nordöstlich nach St. Louis abbiegt, wir jedoch nach Südosten weiterfahren.

In L.A. am Pazifik

10. Tag

Ich schlafe schlecht, stehe schon um 5 Uhr auf. Nach einem Frühstück bei McDonalds (McD), deren Geschäftsräume sich hier in Barstow originellerweise in mehreren ausgedienten Eisenbahnwaggons des Santa Fe Express befinden, fahre ich nach L.A. Von der Stadtgrenze bis Downtown sind es noch 2 Stunden Fahrt. L.A. erstreckt sich über eine riesige Fläche. Streckenweise ist die Autobahn zwölfspurig. Einer der sechs Fahrstreifen in jede Richtung ist reserviert für Carpools. Als Fahrgemeinschaft gilt hier bereits jedes Fahrzeug, in dem mehr als eine Person sitzt. Atemberaubende Autobahnkreuze mit bis zu fünf übereinander verlaufenden Straßenbrücken. Ich gerate in die morgendliche Rushhour. Bevor ich länger im Stau stehe, nehme ich die nächste Abfahrt und shoppe in einer ‚Big-K Mart'. T-Shirt für 2 $, Turnschuhe Größe 13 für 15 $, eine im Preis von mir runtergehandelte Riesen-Sporttasche auf Rollen für 12 $. Vor allen Dingen die Tasche benötige ich dringend. Meine Reservetasche, die ich leer auf den Boden einer meiner beiden vollen Reisetaschen gelegt hatte, ist bereits jetzt voll. Und die Reise hat ja eigentlich noch gar nicht begonnen. Bei unserem Rückflug ist auch die vierte Tasche randvoll. Den ständigen Kampf gegen die Verlockungen des Kaufrausches haben wir oft genug verloren.
Am Mittag stehe ich eine halbe Stunde vor der planmäßigen Landezeit am Flughafen und warte auf meinen Kumpel Berni. Waren die Flughäfen in Tampa und Phoenix im Vergleich zu dem in Ft. Myers bereits riesig, so kann man den International Airport der zweitgrößten US-Metropole nur als gigantisch bezeichnen. Nach dreimaligem Umkreisen der Terminals stehe ich endlich vor dem richtigen Gate. Überpünktlich landet die LTU-Maschine. Und da kommt mein Freund auch schon nach draußen. Freudestrahlend erkennt er mich und eilt auf unser

Auto zu, eine Reisetasche und einen Rucksack in Händen. Herzlich begrüßen wir uns.
Dann dränge ich zum Aufbruch. „Komm Berni, erst mal weg von hier!“ Berni ist Anfang 50, schlank und sportlich, stets gutgelaunt, ausgeglichen und hilfsbereit, hat einen pfiffigen Gesichtsausdruck, ist ein Frauentyp, Single und Polizeibeamter aus dem Raum Dortmund. Wir kennen uns seit fast 30 Jahren und spielen regelmäßig Skat zusammen. Jetzt fahren wir zum weltberühmten Venice-Beach, parken unseren Roadrunner parkgebührenfrei in einer Seitenstraße und gehen zum Strand. Nur einige Hartgesottene baden oder surfen zu dieser Jahreszeit noch im Pazifik. Wir ziehen die Schuhe aus und waten bis zu den Knöcheln in das größte Weltmeer. Aber wir waren drin. Gemütlich schlendern wir über die kilometerlange Strandpromenade. Vorbei an jeder Menge Souvenirshops, einem karibischen „Fakir“, der mitten auf der Promenade seine Show abzieht und barfuss über Glasscherben geht, den Fitnessbegeisterten auf den öffentlichen Sportstätten, den Bodybuildern am Mussle-Beach. Gelegentlich überholen uns Skater in ausgeflipptem Outfit, die Promenade wie den Laufsteg einer Modenshow nutzend.
Bald haben wir genug, Bernd hat die Strapazen des dreizehnstündigen Direktfluges und der neunstündigen Zeitverschiebung in den Knochen. Nach einem kurzem Abstecher zum ‚Green House’ am Century Boulevard entfliehen wir dem Moloch L.A. und fahren ins beschauliche Barstow. Wie meist auf dieser Reise, haben wir im M6 reserviert: zwei Einzelzimmer, direkt nebeneinander (next), ebenerdig (first floor) und Smoker. Stolz erkläre ich während der Fahrt in den Wüstenort die Vorzüge unseres Roadrunners. Vorerst fahre ich, Berni soll sich erst einmal akklimatisieren. Wir wollen uns mit dem Fahren nur tageweise abwechseln. Berni soll in den Rocky

Mountains ans Steuer und möchte unbedingt eigenhändig durch die Prärie fahren. Einverstanden. Am Atlantik angekommen, wird Berni etwa ein Drittel der Gesamtstrecke den Tempomat überwacht haben. Nur nicht schneller als 5 Meilen über der erlaubten Geschwindigkeit und auf keinen Fall den Kickdown vergessen, sobald ein Schild am Straßenrand ein höheres Speedlimit anzeigt. Der Beifahrer blickt gelegentlich in den Straßenatlas oder Reiseführer, holt Nachschub an Snacks und Getränken aus der Kühlbox auf der Rücksitzbank und achtet darauf, dass immer ein Country-Musik-Sender im Autoradio eingestellt ist. Das ist kein Problem, man hat die Qual der Wahl. Nur einmal in der Wüste und ein weiteres Mal in den Rockies empfangen wir nicht einen einzigen Radiosender. Für solche „Notfälle“ und die nervigen Werbespots kaufen wir uns später Country-CD's. Unser gemeinsames Lieblingslied wird im Lauf der Reise das wohl über 200 Jahre alte, traurige Cowboy-Liebeslied „The Yellow Rose of Texas".

11. und 12. Tag

Früh um 6 stehe ich auf. Berni ist bereits wach, wie ich am weißen Hotelhandtuch sehe, das von außen über den Türgriff seines Zimmers hängt. Auf diese Regelung haben wir uns am Vorabend verständigt. Sie bewährt sich heute zum ersten Mal und wird fester Bestandteil unseres Rituals. Jeder kann ausschlafen, trotzdem wird keine Zeit vergeudet. Nach einem kostenlosen ersten Kaffee im Office des Motels und einem kleinen Frühstück im ‚Burger King' checkt Berni den Roadrunner an einer Tankstelle. Alles o.k. Nur eine Gallone Trinkwasser schüttet er in den leeren Behälter der Scheibenwaschanlage. Getankt haben wir ‚Roadrunner' bereits gestern. Noch vor dem Einschecken, so wie ein guter Reiter sein

Pferd tränkt, bevor er an sich selbst denkt. Auch das gehört fortan zum Ritual. Wie auch das morgendliche Befüllen der Kühlbox mit dem kostenlosen Cubed-Ice aus der Eismaschine des Motels und die dreistufigen Gesten der Begeisterung. Schön oder gut gelaufen bedeutet, dass sich die Fäuste unserer ausgestreckten rechten Hand leicht berühren. Wunderschön oder hervorragend gelaufen führt zu ‚give me five'. Zum Ausdruck der hellen Begeisterung über einen traumhaften Anblick/Ausblick oder ein phantastisches Ereignis/Erlebnis gibt es Stufe drei. Hierzu wird der Daumen der erhobenen Hand des anderen mit dem Daumen der eigenen Hand umklammert und die Hand geschüttelt. Gelegentlich gibt es zur Abstufung auch nacheinander Stufe 1 und 2 oder sogar sämtliche Stufen hintereinander. Um es vorweg zu nehmen: wir hatten im Reiseverlauf reichlich Gelegenheit zu Stufe drei und unzählige Male Anlass zu Stufe eins oder zwei.
Nachdem Berni einen zusätzlichen Cupholder auf dem Armaturenbrett sowie einen Kompass an der Windschutzscheibe montiert hat, versucht er sich ohne Erfolg an der Sicherung des defekten Zigarettenanzünders. Beim Kauf der Ersatzsicherung (fuse) musste ich zum einzigen Mal ins Wörterbuch schauen. Mit meinen passablen Englischkenntnissen komme ich überall klar. Berni versteht vieles, spricht aber kaum selbst. Auch sein Englisch wird von Tag zu Tag besser. In Florida angekommen, versteht er fast alles und spricht so gut, dass es zu einem Solo-Einkaufsbummel reicht.

Casino-Hopping am Strip

Nach einstündiger Fahrt auf der I-15 N, das bedeutet Interstate Nr. 15 in Richtung Norden, durch die Mojawe-Wüste sehen wir die Skyline des Strips. Hier habe ich ein Heimspiel. Wir checken im CC ein, wohnen diesmal jedoch im Manor, dem CC-Motel. Hier sind die Zimmer zusätzlich mit einem Kühlschrank sowie einem Kingsize-Bett ausgestattet und 10 $ billiger als im Skyrise-Tower.

Es ist immer noch heiß, in den upper-nineties. Ich verlasse die klimatisierten Bereiche erst nach dem frühen Einbruch der Dämmerung, unternehme dann gemeinsam etwas mit meinem Kumpel. Der erkundet tagsüber allein das Casino und den Strip oder liegt am Hotelpool. Zocken ist nicht sein Fall. Ich hingegen bin Stammgast im Pokerraum und behaupte mich mit leichtem Gewinn. Zusammen fahren wir erst zum Hardrock-Cafe an der Paradise Road, wo Berni zu happigen Preisen T-Shirts kauft und danach zum Chevrolet-Händler. Wie bei allen Autohändlern hierzulande geht man nicht zur Reparaturannahme, sondern fährt vor. An jeder der acht Servicespuren wartet ein Fahrzeugexperte darauf, an das Fahrzeug heranzutreten und die Kundenwünsche entgegenzunehmen. Ich lasse das Seitenfenster runter und schildere mein Problem mit dem Zigarettenanzünder. Es ist kurz nach 17 Uhr. Zu spät, bedauert Steve, der Servicemitarbeiter. Man arbeite hier nur bis fünf. Aber morgen könne das Auto sogar vom Hotel zur Reparatur abgeholt werden. Mit dieser Auskunft gebe ich mich nicht zufrieden. Wir seien auf der Durchreise, es eile. Steve hört höflich zu. Erst, als ich erwähne, dass mir eine sofortige Fehlerbehebung ein großzügiges Trinkgeld wert sei, drückt er einen Knopf in seiner überdachten Kabine. Wie aus dem Nichts eilt ein Monteur auf uns zu. Die Fehlersuche gestaltet sich schwieriger, als erwartet. Ein zweiter Monteur wird herbeigerufen. Der Fehler wird gefunden. Mein Ford-Zigarettenanzünder verursacht beim

Betrieb permanent einen Kurzschluss. Man holt ein nagelneues Ersatzteil, ersetzt erneut die durchgebrannte Sicherung. Fertig. Tatsächlich, es funktioniert. Steve bekommt 5 $, die Monteure 20 $. Am Gesichtsausdruck sehe ich, dass der Tip nicht zu niedrig ist. That's it, keine Rechnung, kein Büro. „Herzlichen Dank“ sage ich, Steve wünscht uns einen „save trip“. Ohne ausgestiegen zu sein, setzen wir unsere Fahrt fort. „That's why I love America!“, denke ich bei mir. Genüsslich stecke ich mir erstmalig auf dieser Reise meine Marlboro mit dem glühenden Eisen an. Schmeckt irgendwie besser. Auch Berni findet's toll und zündet sich ebenfalls eine Fluppe an. Wir geben uns Stufe eins und zwei.
Abends erkunden wir den Strip per Taxi. Zum Laufen ist es zu weit, mit dem eigenen Auto beim ‚Casino-Hopping' zu umständlich. New York-New York, Bellagio, dann ins Aladdin. Hier soll es die hübschesten Bedienungen geben. Und das stimmt. Während ich am BJ-Tisch zwei Türme mit Gewinn-Jetons baue, sitzt der immer Ausschau haltende Single vor einem Drink in der Nähe der Bar. Als die Statik meine Türme einstürzen lässt, wechsele ich die Chips ein und geselle mich zu Bernd. Jetzt sehe ich auch, warum er ausgerechnet hier sitzt. Dutzende bildhübscher junger Damen holen hier an der Theke die gefüllten Tabletts für die Spieler ab. Lauter bezaubernde Jeannies. Spontan lege ich von meinem Gewinn ein Bündel Eindollarscheine vor mich auf den Tisch. Eine herangewunkene brünetten Schönheit namens Raquel frage ich im Brustton der Überzeugung, warum sie hier arbeite und nicht in Hollywood Filme drehe. Ich gebe Raquel 5 $ und erkläre ihr, dass jede ihrer Kolleginnen, die mich mit den Worten „Hi, J.J.“ begrüßt, zwei Dollar Tip von mir erhalte. Zur Erklärung sage ich ihr, wir hätten es eilig, würden aber trotzdem gern möglichst viele der Ladies kennen lernen. Amüsiert werden wir aus einiger

Entfernung Zeuge, wie Raquel die Neuigkeit an die anderen Serviererinnen weitergibt. Ungläubige Blicke in meine Richtung, Getuschel und Gekicher. Dann traut sich die Erste! „Hi, J.J. - I'm Cindy, nice to meet you." Unsicher schauen mich zwei hübsche, grüne Augen an. Blondes, langes Haar, Minirock, ein goldfarbenes Namensschild auf der tiefausgeschnittenen grünen Bluse. Unstet wandert mein Blick zwischen dem Namensschild und dem Dekolté hin und her. Um meine Sprachlosigkeit angesichts dieser Einblicke zu überspielen, zähle ich zwei Dollarscheine ab und gebe sie Cindy. „Nice to meet you, Cindy. You're looking fantastic. That's for you. Thank you." "That's it!" setze ich hinzu, als ich merke, dass Cindy unsicher ist, ob ich eine längere Unterhaltung wünsche oder sie wieder gehen könne. Jetzt ist das Eis gebrochen. Cindy berichtet den Kolleginnen, und die kommen im Minutentakt. Braunhaarig, blond, rot, schwarz und brünett. Asiatischer, afrikanischer oder europäischer Abstammung. Die Namen nehme ich kaum noch war, aber ich schenke jedem Namensschild einen ausgiebigen „Weitwinkelblick". Zwei Mal versuchen Mädchen, sich erneut die zwei Dollar abzuholen. Zu offensichtlich, Berni passt mit auf. Keine Chance, es wird gescherzt und gelacht. Auch andere Gäste finden Gefallen an der Showeinlage und bekunden uns Beifall. „So viel Spaß für so wenig Geld!", meint unser Tischnachbar und ärgert sich offensichtlich ein wenig, nicht selbst auf die Idee gekommen zu sein. Berni schweigt und genießt. Etwa 12 bis 15 Mädchen später, auch hier im orientalischen Märchenland ist der Nachschub nicht unerschöpflich, verlassen wir unter lauten Abschiedsgrüßen der Mädel das ‚Aladdin'.
Draußen angelangt, schlägt Bernd mir anerkennend auf die Schulter und sagt: „Das war einfach toll, Norbert. Komm, drei Stufen." Und wir klatschen uns ab, als hätten wir gerade den

Jackpot geknackt. Jetzt ist auch Berni gemütsmäßig in Amerika angekommen.
Auf der Rückfahrt geraten wir an einen krankhaft religiösen Taxifahrer. Samir aus Äthiopien. Das Armaturenbrett ist mit Bibelzitaten gespickt. Jedes dritte Wort ist 'Jesus'. Unerträglich, dieser penetrante Missionseifer. Als Samir uns zum Autoschalter des nächstgelegenen McD fahren soll, wird er kleinlaut. Es sei das erste Mal für ihn, jammert er. Da muss er durch. Vier Double-Cheeseburger soll er bestellen, ‚each for a buck'. Kriegt er dann schließlich auch geregelt. Bevor wir aussteigen, bekommt er Tip nur mit der Maßgabe, dieses Geld für Bedürftige zu spenden. Sein Seelenheil stehe auf dem Spiel. Schlecht gelaufen diesmal für Samir, den Eiferer. Aber nicht für ‚Jiises'. Und auch nicht für uns.

Die Nationalparks: Zion, Bryce-Canyon und Grand Canyon

13. Tag

Um 5 Uhr werden wir wunschgemäß geweckt. Berni stellt treffend fest: „Auf der Interstate kann man am besten frühstücken." Gesagt, getan. Nur keine wertvolle Zeit zu vergeuden. Während wir heißen Kaffee schlürfen und einen Eggburger verdrücken, passieren wir auf der I-15 die Staatsgrenze zu Arizona, ‚The Grand Canyon State' und damit gleichzeitig die erste Zeitgrenze. Unsere Uhren müssen eine Stunde vorgestellt werden, wir verlieren also Zeit beim Wechsel von Pazific- zu Mountain-Time. Nur 25 Meilen später erreichen wir Utah, ‚The Beehive State'. Von der Interstate biegen wir auf den Highway (HW) 9 ab, der direkt in den Zion-Nationalpark (NP) führt. Die Stichstraße zum ‚Temple of Sinawava', dessen Anblick uns nicht gerade vom Hocker reißt, ist für den

Individualverkehr geschlossen. Wir steigen in einen kostenlosen Panorama-Bus um. Am ‚Weeping Rock' tropft Wasser aus einer überhängenden Felswand. Hier treffen wir eine Tarantel, die fast doppelt so groß ist wie eine Zigarettenschachtel. Von den Bibern, die hier am Gebirgsbach leben, bekommen wir keinen zu Gesicht. Etwas enttäuscht vom Zion-NP fahren wir mit unserem Auto weiter über die 9, die jetzt Mount Carmel HW heißt. Auf dem Straßenatlas ist diese Strecke mit grünen Punkten gekennzeichnet, also eine landschaftlich schöne Strecke, eine ‚Scenic route'. Tatsächlich: atemberaubende Aussicht, spektakuläre Felsformationen. Die Fahrt gefällt uns besser als der Zion-NP selbst. Auch die US 89 und der HW 12 zum Bryce-Canyon-NP sind grün gepunktet. Herrlich. Die gesamte Fahrt verläuft durch Landschaften von einzigartiger Schönheit. Wir kommen durch den Red Canyon, dessen Felsformationen so tiefrot sind, dass sie fast schon kitschig und unecht wirken. In einer Navajo-Tradingpost entdecken wir für 10 $ eine handgemachte Geldscheinklammer, verziert mit einem Buffalo-Nickel und einem Türkis. Es handelt sich um ein Einzelstück, es gefällt uns beiden auf Anhieb. Da Bernd noch keinen money-clip besitzt, lasse ich ihm den Vortritt. Tagelang beneide ich ihn um dieses Prachtstück. Wir necken uns und flachsen solange, bis Berni seiner Ruhe wegen seine gegen meine Klammer tauscht. Später, bei Four Corners und in Sante Fe, ist die Auswahl von indianischen Kunsthandwerksartikeln so groß, dass wir beide noch mal richtig zuschlagen.
Der Bryce-Canyon-NP enttäuscht uns nicht. Ein Aussichtspunkt ist schöner als der andere.
‚Far View Point', ‚Inspiration Point', ‚Natural Bridge' und ‚Sunset Point' lassen uns sprachlos staunen. Als hätten spielende Kinder am Strand mit tropfnassem Sand Türmchen gebaut. Tausende, in mehreren Farben, Jahrmillionen alt. Man

kann den Anblick nicht beschreiben, man muss es mit eigenen Augen gesehen haben. Auf der Fahrt zu unserem M6 in Cedar City, UT halten wir ‚in the middle of nowhere' an einem einsam gelegenen Rasthof an. Eigentlich wollten wir nur eine Kleinigkeit erledigen, aber Berni zieht ein verlockender Geruch in die Nase. "BBQ - All you can eat - 10,99 $" lesen wir auf einem Transparent. Trotz Rauchverbots setzen wir uns an einen Tisch. Die Tochter des Hauses ist überaus nett und herzlich, weigert sich jedoch nach dem Essen standhaft, uns das Rezept für die fantastische Marinade zu verraten. Nichts kann sie dazu bewegen, das Familiengeheimnis preis zu geben. Man kann nicht alles haben, leider. Das hausgemachte Essen ist absolute Klasse. Gemischter Salat, Kartoffelsalat, Bohnen, Maiskolben, marinierte Hühnchenfilets, Schweinerippchen und Rindermedaillons vom Mesquiteholz-Grill sowie die Wahl zwischen drei Desserts. Die amerikanische Küche besteht keinesfalls nur aus Fastfood, wenngleich wir aus Zeit- und Kostengründen sehr häufig schnell und billig essen. Beim Licht des Vollmondes erreichen wir über den HW 14 Cedar City. Wieder das übliche Procedere. Volltanken, Vorräte ergänzen, einchecken, direkt von unseren Zimmern rückwärts einparken, jeweils eine Reistasche aus dem Kofferraum holen, allabendliches Briefing bei mir. Was liegt morgen an, ‚brainstorming' für das Reisetagebuch, telefonische Reservierung des Quartiers für den nächsten Tag in Farmington, NM, ein kühles Budweiser Genuine für Berni, ein Canada-Dry Ginger Ale für mich. ‚7up' gibt es übrigens nicht mehr, das Erfrischungsgetränk wurde durch ‚Sierra Mist' ersetzt.

14. Tag

Über die I-15 S, HW 17, 59, 389, US 89 ALT und HW 67 führt die traumschöne ‚Scenic route' vorbei an mehreren ‚National Monuments' und Indianerreservaten zum Nordrand des Grand Canyon NP in Arizona. Am Abend haben wir die Jagdgründe der Kaibab-, Navaho-, Anasazi- und Hopi-Indianer durchquert. Uns sind die unterschiedlichen Symbole auf den Staatsstraßenschildern aufgefallen. In Utah ist es ein Bienenkorb, in Arizona ein Kaktus und in New Mexico eine Pfeilspitze.
In Hurricane, UT fahre ich morgens in einem Baustellenbereich aus Unachtsamkeit etwas zu schnell. Ein schwarzes Sheriffauto hinter uns stoppt uns mit Sirene und blinkender Lichtleiste. Der nette Deputy ermahnt mich mündlich und will uns dann weiterfahren lassen.
Berni gibt sich jetzt als ‚German Cop' zu erkennen, zeigt seinen IPA-Ausweis (International Police Association) und schenkt dem Kollegen ein Ärmelabzeichen der nordrhein-westfälischen Polizei mit Landeswappen. Die Freude bei Jim, dem Deputy ist groß und die Verabschiedung herzlich. In weiser Voraussicht hat Berni drei dieser Abzeichen mitgenommen. Wer fährt schon 10.000 Kilometer durch ein fremdes Land, ohne mal eine Verkehrsregel zu verletzen. Kleine Geschenke erhalten die Freundschaft.
Ohne weitere Zwischenfälle erreichen wir den North Rim. Saftiges Grün zu beiden Seiten der gut ausgebauten und kaum befahrenen Stichstraße zum Grand Canyon. Das Laub an den Bäumen ist gelb. Keine Grün- oder Rottöne. Komisch. Ein braungraues Eichhörnchen schimpft aufgeregt piepsend mit uns, weil wir seine Idylle beim Wasserlassen stören. Urplötzlich stehen wir dann am Abgrund des Canyons. Wir besuchen die Aussichtspunkte ‚Point imperial', ‚Cape Royal' und ‚Angel's Window'. Gigantisch, zerklüftet, bizarr. Es gelingt mir nicht, die

Vielzahl von Schluchten als Einheit zu begreifen. Der Anblick übersteigt mein Vorstellungsvermögen. Nur mit Berni's Fernglas tief unten im Canyon gut zu erkennen: das schmale, braune Band des Colorado-Rivers. Dieses Rinnsal soll diese riesige Schlucht geschaffen haben? Tief beeindruckt blicken wir lange nach unten. Einige Regentropfen fallen, eine Touristin ruft aufgeräumt: „It's just a bird!“. Und tatsächlich, es bleibt trocken. Es bleiben die einzigen Regentropfen der gesamten vier Wochen. Wenn Engel reisen. Es ist kühl hier in über 2600 Metern Höhe, trotzdem setzten mir die ungefilterten Sonnenstrahlen gewaltig zu. Man sieht kaum jemanden ohne Kopfbedeckung.

Schneller als die Polizei erlaubt

40 Meilen (m) geradeaus, um nach Osten Richtung ‚Four Corners' abbiegen zu können. Vielleicht schaffen wir es ja vor Beginn der Dämmerung bis dort hin. Die Straße ist leer, erlaubt sind 45. Roadrunner bekommt die Sporen, „110, und er hat noch Reserven“ sage ich zu Berni gewandt. Als ich den missbilligenden Blick meines Beifahrers auffange, nehme ich Tempo weg. Aber es ist zu spät. Hinter einer sanften Hügelkuppe wartet in Gegenrichtung ein Polizeifahrzeug mit eingeschaltetem Rot- und Blaulicht. Die trügerische Hoffnung, das gelte nicht uns, zerplatzt sofort. Der Streifenwagen wendet und folgt uns, nachdem wir ihn langsam passiert haben. Kleinlaut und gequält bemerke ich: „Das wird teuer, Bernd!“ und fahre an den Straßenrand. Die Hände gut sichtbar aufs Lenkrad und das Armaturenbrett gelegt, möchten wir beide am liebsten im Polster versinken. Bei ‚speeding' verstehen die hiesigen Ordnungshüter keinen Spaß. 110 km/h schneller als erlaubt.„Saftige Strafe, hohe Sicherheitsleistung,

Beschlagnahme des Autos oder gar Gefängnis“, schießt es mir durch den Kopf. Der Officer der Highway-Patrol tritt ans Beifahrerfenster und fragt “Are you the German Cops?”. “Yes, Sir”, quetscht Berni zerknirscht hervor, während ich sofort Morgenluft wittere. Führerschein und Fahrzeugpapiere will der Officer sehen. Höflich frage ich, ob ich die Hände vom Lenkrad nehmen darf. „Sure“. Ab jetzt führe ich das Gespräch mit Officer Mark C. Rilburg. Wir haben unverschämtes Glück. Mark versieht zwar Dienst in Arizona, wohnt jedoch in Kanab, Utah. Über Funk hat er vom Kollegen Jim aus Hurricane erfahren, dass ‚zwei’ deutsche Bullen in einem auffällig ausstaffierten weißen Malibu-Leihwagen ihm ein Polizeiwappen geschenkt haben. Wir fragen Mark, ob er auch so ein Ärmelabzeichen möchte. Na klar, aber er könne sich nicht mit einem Arizona-Polizeiabzeichen revanchieren, fügt er entschuldigend hinzu. Wir unterhalten uns lange angeregt und in entspannter Atmosphäre. Keine Vorwürfe wegen unserer Raserei, nur die beiläufige Feststellung, dass wir für diese Strecke einen neuen Rekord aufgestellt hätten. Er habe selbst einen ‚German Background’, also deutsche Vorfahren. Und gehört habe er schon von den Autobahnen ohne Speedlimit in D. Mark stellt mir eine schriftliche Verwarnung aus. Vorbehaltlich der Zustimmung seines vorgesetzten Lieutenants habe das keine Folgen für mich. Berni gibt Mark das vorletzte Abzeichen und verspricht, ihm einen kompletten Satz aller deutschen Bundesländer per Post zu schicken, worauf Mark uns sogar seine Privatadresse aufschreibt. Berni hat sein Versprechen gehalten. Das dritte Abzeichen haben wir nicht mehr gebraucht. Nach diesem heilsamen Schock haben wir uns die restlichen 8000 Kilometer fast sklavisch an die Verkehrsvorschriften gehalten.

Die Fahrt geht weiter über die US 89, 160 und 64 nach Farmington in New Mexiko zum dortigen M 6. Wir überqueren den Colorado, klettern in den ‚Echo Cliffs' auf die glattgeschliffenen roten Sandsteinplatten, um das Echo zu testen und durchqueren die ‚Painted Desert'. Sagenhaft schön. Bis Kayenta genießen wir die ‚Scenic route' mit immer neuen landschaftlichen Highlights. Gesprächsthema Nummer eins bleibt jedoch heute die Polizeikontrolle. Jiises. Haben wir noch mal Schwein gehabt! Dank sei dem Landeswappen. Stufe eins bis drei. Wir vertrauen Mark zwar, beschließen aber für den Fall, dass es sich dessen Lieutenant doch anders überlegt, eine Vorsichtsmaßnahme. Wir wollen solange auf Berni's Namen in den Motels einchecken, bis mindestens zwei Staaten zwischen uns und Arizona liegen. Sicher ist sicher. Sind wir erst zurück in der Heimat, ist der Käse ohnehin gegessen. Zwischen D und den USA gibt es kein Rechtshilfeabkommen für Verkehrsordnungswidrigkeiten.
An einer Trading Post im Gebiet der Hopi-Indianer machen wir Rast. Während Bernd im Laden nach Souvenirs und Ansichtskarten guckt, setze ich mich draußen zum relaxen auf einen Schaukelstuhl. Der steht auf einem Gehsteg aus Holzplanken, wie man ihn aus Western-Filmen kennt. Zwei Indianerinnen wollen der Inhaberin des Ladens einen 3 x 5 Meter großen, handgeknüpften Wandteppich in Form und Farbe der ‚Stars and Stripes' verkaufen. Für 100 $, was der Kauffrau noch zu viel ist. Sie versucht, den Preis zu drücken und vertröstet die Squaws auf den nächsten Tag. Als ich die Story später Berni erzähle, fragt er mich, warum denn nicht ich das Geschäft mit den Hopi gemacht hätte. Gute Frage. Keine Ahnung, black out. Platzprobleme oder Schocknachwirkung.
Kurz vor der Staatsgrenze nach NM, ‚Land of Enchantment', nähert sich hinter uns ein Polizeiauto im Einsatz. „Nicht schon

wieder“, stöhnen wir zeitgleich. Der Statetrooper biegt jedoch nach links ab, bevor er uns erreicht hat.
In Farmington holen wir uns bei ‚KFC’ je ein Filet-Sandwich, bevor wir auf Berni’s Namen im nagelneuen M 6 einchecken und weit nach Mitternacht endlich ins Bett kommen.

<u>Four Corners und Monument Valley</u>
15. Tag

Heute quälen wir uns erst kurz vor neun aus den Betten. Die Strapazen der Reise machen sich erstmalig bemerkbar. Für einen Ruhetag ist es noch zu früh, aber wir wollen es heute ruhiger angehen lassen und früher ‚Schluss’ machen. Frühnebel hängt in der Luft. Wir setzen uns in ein indianisches Frühstücksrestaurant. Rauberlaubnis, hoch lebe New Mexico! Durch die Fenster haben wir im Licht der ersten Sonnenstrahlen ungetrübte Aussicht auf die majestätischen Berge in der Ferne. Während wir auf unser Essen warten, geht ein Indianermädchen von Tisch zu Tisch und bietet unaufdringlich Handarbeiten an. Wir interessieren uns indes mehr für die Minimusikboxen, die an der Wand neben jedem Tisch befestigt sind. Berni wählt zwei Oldies für einen Quarter. Zwei Mal haben wir uns schon dünnen Kaffee nachschenken lassen, als das dampfende Essen serviert wird. Schinkenomelette, Toast und Pancakes für Mr. Schmusesongs, Hashbrowns mit Chili-Mais-Tortillas für mich. Oh, was sind die hot, rattenscharf! Schnell eine ganze Kanne Orangensaft hinterher gekippt. Wie hätte ich ahnen sollen, welchen Feuerqualen Zunge und Gaumen noch ausgesetzt werden sollten.
Gleich nebenan ein großer Pawnshop. Ein riesiger An- und Verkaufsladen, auch Pfandleihe. Raritäten und

Gebrauchsgegenstände aller Art zu Schnäppchenpreisen. Ein silberbeschlagener, mit Ornamenten versehener, handgemachter Pferdesattel im Westernstil, in neuwertigem Zustand, wirklich traumhaft schön, hat es Berni angetan. Nur 399 $. Ich muss ihn fast aus dem Laden zerren. „Komm' Berni, sei vernünftig, wir haben doch keinen Platz mehr im Auto. Wir gucken in Texas noch mal", versuche ich ihn zu besänftigen.
Wir müssen tanken. Alle Zapfsäulen sind belegt. Wir warten mit einigen Metern Abstand hinter einem klapprigen Straßenkreuzer. Dessen Fahrer, ein uralter, fast ‚scheintoter' Anasazi-Indianer, rammt uns leicht beim Zurücksetzen. Ich steige aus, sehe keinen Schaden und rufe dem lethargischen Indsman durchs offene Fenster beruhigend zu: „Nothing's happend, go ahead!" Viel später entdeckt Bernd dann doch einen Schaden. Das erste ‚E' von ‚unreachable' auf meinem persönlichen Frontkennzeichen hat sich gelöst. Mich stört das überhaupt nicht, jetzt finde ich es noch authentischer.
Eine Ortschaft weiter fahren wir über einen indianischen Flohmarkt. Ja, richtig gelesen, wir fahren. Schließlich sind wir in den Staaten. Wer hier zu Fuß geht, ist ein Krimineller, ein Sportler oder hatte eine Autopanne, heißt es. In Florida sind sogar die Beete auf Obstplantagen so hoch angelegt, dass man die Früchte vom Auto aus pflücken kann. Wer's nicht glaubt, mag rüber fliegen und sich selbst überzeugen.
Die Zufahrt zu ‚Four Corners' liegt im NM-Sektor auf Territorium der Navajo-Nation. Davor ein NM-Staatseingangsschild. ‚Welcome' auf der Vorderseite und ‚Hasta la vista' auf der Rückseite. 3 $ Eintritt pro Person. Es lohnt sich. Rings um den einzigen geografischen Punkt in den USA, an dem vier Bundesstaaten aneinandergrenzen, stehen dicht an dicht Souvenirshops der Indianer. Etwas abseits etwa ebenso viele Kabinen mit Plumpsklos. Den geografischen Ort ziert das

metallene Nationalwappen der USA, eingebettet in ein marmorgekacheltes Rechteck. Hier sind die Grenzlinien goldfarben eingezeichnet, jeden Sektor schmückt das Staatswappen. Über dem Nationalmonument wehen die Flaggen der USA, NM, AZ, UT und Colorados, davor steht ein Podest, von dem aus man foto- und videografieren kann. Auf Händen und Füßen kauernd, gleichzeitig mit je einem Körperteil in vier verschiedenen Staaten, ist das Standartmotiv. Man sieht jedoch auch jede Menge kreativer Varianten. Das Sortiment an den Souvenirständen ist groß, die Qualität überwiegend gut, die Preise angesichts der zahlreichen Konkurrenz niedrig. Auch Handeln ist erfolgversprechend. Ansichtskarten und Money Clips kaufe ich mit Mengenrabatt, ein vor unseren Augen vom Sohn des Häuptlings hergestellter Pfeil ist zwar wunderschön, mit stolzen 60 $ jedoch zu teuer. Da tut es auch eine handbearbeitete Pfeilspitze aus Obsidian für 5 $. Weiter geht es über die US 163 Richtung Monument Valley (MV) auf der Grenze zwischen AZ und UT. Nahe des Örtchens Bluff in UT sehen wir Kajak-Fahrer auf dem San Juan River. Plötzlich habe ich das Bedürfnis, möglichst bis ans Ufer des idyllischen Flusses zu fahren. Es ist nur die Andeutung eines Feldweges, auf dem ich es versuche. Nackte Erde. Großspurig beruhige ich meinen Reisegefährten: „Keine Sorge, Berni, ich passe schon auf, dass wir uns nicht festfahren.“ Aus der trockenen Erde wird hinter einer Buschreihe in einer scharfen Kurve zäher Schlamm. Ich reagiere zu spät, wir sitzen fest. Peinlich, peinlich. Jetzt höre ich auf den Fachmann, grabe mich nicht durch sinnloses Gasgeben ein. Bernd ist ein Schatz. Er steigt aus, erkundet genau die Lage, gibt präzise Anweisungen und schiebt mich schließlich zurück auf sicheres Terrain. Das Auto und Berni’s Schuhe sind schlammverkrustet, mein Ego angeschlagen. Gottlob hackt Berni nicht auf mir rum. Das ist nicht seine Art und einer seiner vielen Vorzüge. Bald verdient die herrliche Panoramastrecke über den ‚Monument Pass' unsere ganze Aufmerksamkeit. Das Befahren der Indianerpiste im MV lassen sich die Navahos mit 2 x 5 $ bezahlen. Dafür gibt's auf dem ‚Scenic Drive' jede Menge roten Sand, Schlaglöcher und waschbrettartige Bodenwellen, aber auch traumhafte Motive und Perspektiven. Man denkt an reitende Indianerscharen, Postkutschen und das Hornsignal der US-Kavallerie. Die Traumkulisse für viele Western ist ein erhabener Anblick und in seiner einzigartigen Schönheit nicht annähernd zu beschreiben. Für Berni ist es der Höhepunkt der Reise. Er kann sich einfach nicht satt sehen. Wir bleiben bis zum Sonnenuntergang. Und selbst der ist wesentlich intensiver als andernorts. Tage später fällt uns ein, dass wir vor lauter Gebanntheit sogar vergessen haben, die versteinerten Dinosaurierabdrücke im Visitor Center anzuschauen.

Zu Gast bei den Navahos

In Mexican Hat, UT machen wir Quartier für die Nacht. Der Ort besteht aus einer Handvoll Häusern, zwei Dutzend Einwohnern und doppelt so vielen Mischlingshunden. Die Indianer-Lodge macht keinen sonderlich einladenden Eindruck, aber wir sind kaputt und der Preis ist okay. Die Zimmer sind sauber, das Inventar veraltet. Die Klimaanlage könnte aus dem Technikmuseum stammen, die Fernseher haben keine Fernbedienung, sondern UHF, AM und FM - Abstimmknöpfe. Immerhin flimmert das karge Programm bereits in Farbe. Lodge, Restaurant, General-Store und Tankstelle gehören den indianischen Besitzern. Wir sind an diesem Tag die einzigen Gäste. Im konkurrenzlosen Esslokal des Ortes ist es schummrig und kahl. Rohe Holztische und monotone indianische Rhythmen sind nicht gerade anheimelnd. Ungewohnte Gerüche irritieren unsere Nasen. Die Speisekarte ist sehr kurz. Wir wollen eigentlich wieder gehen. Aber Berni ist hungrig und mutig. Um das Risiko zu verkleinern, beide ‚vergiftet' zu werden, bestellen wir unterschiedliche Gerichte. Er eine Navajo-Pizza, ich Roastbeef und Fladenbrot. Als das Essen auf dem Tisch steht, muss ich mich fast übergeben. Eigentümlicher Geruch und undefinierbares Aussehen. Plötzlich denke ich an die vielen streunenden Köter im Ort und habe Angst, dass man mir Hund serviert. Ekel überkommt mich, ich stochere in der fleischigen Masse herum, bringe jedoch keinen Bissen hinunter. Das Fladenbrot ist aus Mais, nicht mein Geschmack. Mit Todesverachtung verspeist mein Freund seine Indianerpizza. Im Store sind viele Regale fast leer. So ein mickriges Sortiment hatte ich nie zuvor gesehen. Ich ergattere die einzige Tube Senf des Stores und esse mein altes Sandwich aus der Kühltasche. Wir tanken nicht, weil das Benzin mit Wasser gepanscht sein könnte. Meine Nachtruhe ist ungetrübt, Berni allerdings hört mich im Nebenzimmer durch die dünne Wand schnarchen wie einen Holzfäller. Wie sagte doch der Makler zum Wohnungsmietinteressenten? „Gehen Sie mal ins Nebenzimmer und schließen Sie die Tür. Hören Sie mich jetzt noch sprechen?" „Ja, klar und deutlich." „Sehen Sie mich denn auch?" „Nein." Worauf der Makler stolz feststellt: „Na, sind das nicht tolle Wände?!"

16. Tag

Bei Sonnenaufgang wachen wir gesund und munter auf. Unsubstanzielle Vorurteile. Trotzdem verzichten wir auf das im Übernachtungspreis enthaltene Navajo-Fühstück und geben

Roadrunner die Sporen. An einem roten Felskegel in Form eines Sombreros, dem Mexican Hat seinen Namen verdankt, folgt Berni dem Ruf der Natur mit einer Rolle Toilettenpapier in der Hand. Wir befahren eine herrliche Panoramastrecke Richtung Cortez, CO. Nackengymnastik pur, wie wir eine Strecke scherzhaft nennen, auf der man in schneller Folge mal nach rechts, mal nach links schaut, um nichts von der schönen Landschaft zu verpassen. Da stören auch nicht die ersten Ölpumpen in Form eines Pferdekopfes, die wir eigentlich erst in Oklahoma erwartet hatten.

Im Sonnentempel auf der Mesa Verde

Früh erreichen wir ‚Colorful' Colorado. An der ersten Tankstelle hinter der Staatsgrenze halten wir. Benzin ist hier deutlich billiger als in UT, eine Gallone kostet 1,55 $. Die Stange Marlboro 23 $. Unser Frühstück besteht heute aus Hot Dogs. Wen wundert's, dass wir sofort an das gestrige Diner denken und beim Essen flachsen.
Für einen Dollar erstehen wir eine handgroße ‚Stars and Stripes'- Flagge, die wir mit einem Plastikclip zum Verschließen von Gefrierbeuteln an der Autoantenne befestigen. Sie ist nach wenigen Tausend Kilometern schon ziemlich ausgefranst, hält jedoch bis zum Erreichen der Atlantikküste durch. In Cortez ergänzen wir in einem Walmart-Superstore unsere Vorräte an Wasser, Bier, Limo, Orangensaft, Sandwichs und Schokolade. Berni sucht vergeblich Schokoriegel der Sorte ‚Mars'. „Da kannst Du lange suchen", helfe ich ihm mit meinem zuvor erworbenen Wissen. „Mars heißt hier ‚Milky Way' und ist in der grünbraunen Verpackung." Wir haben beide einen ‚süßen Zahn'. Am Besten schmeckt uns von den hiesigen Sorten die Cadburry-Vollmilchschokolade ‚Dairy Milk'. Außerdem kaufe

ich für alle Fälle eine Leuchtpistole mit Signalpatronen im ‚Survival Kit' zum Preis von 32 $. In den letzten Tagen hatten wir mit unseren Tri-Band-Handys keinen Empfang. Berni kann keine SMS-Liebesbriefe in die Heimat versenden und wird langsam unruhig. Hier in Colorado hat er endlich wieder Empfang. Zu Testzwecken schickt er mir eine Nachricht. Alles paletti, es klappt. Obwohl Sender und Empfänger nebeneinander im Auto sitzen, legt die Short Message in Sekundenbruchteilen Zehntausende von Kilometern zurück, weil sie den Umweg über die Relaisstation in D nehmen muss.
Mittags erreichen wir den Mesa Verde NP. Der grüne Tafelberg ist 7000 feet hoch. Aber die lange und kurvenreiche Fahrt zu den ältesten archäologischen Fundstätten Nordamerikas lohnt sich. Pueblos auf dem Hochplateau und Klippenwohnungen in den steilen Felswänden, erbaut von den Anasazi.
Gerne hätte ich an einer zweistündigen geführten Klettertour zum ‚Cliff Palace' teilgenommen. Frank, der Ranger, rät mir angesichts des von mir geschilderten Gesundheitszustandes dringend davon ab. „Lebensgefährlich“, warnt er. Berni tröstet mich. „Durch mein Fernglas sehen wir genau so gut.“ Die treue Seele verzichtet auf die Klettertour und begleitet mich im Auto zu den vielen Aussichtspunkten. Tatsächlich, die Bauten in den großen Höhlen und Felsspalten sind mit bloßem Auge, die in den kleineren gut mit dem Fernglas zu erkennen.
Beeindruckend. Far View House, Balcony House, Fire Temple und Sun Temple. Großartig. Baukunst, Mut und Einfallsreichtum dieses Indianervolkes sind bewundernswert.
Am ‚Sun Point' parkt eine 1150er BMW. Die Sonne brennt gnadenlos vom wolkenlosen Himmel herab. Dem Pärchen in Lederkombi biete ich Coke aus unserer Kühltasche an. Amüsiert lehnt die Sozia ab und zeigt mir die eigene kleine Kühlbox auf dem Gepäckträger. „Was bin ich doch für ein Hornochse“,

ärgere ich mich. „Wir sind in den USA. Was nimmt man auf einem Motorrad mit? Das Nötigste und Wichtigste. Und was ist das Wichtigste für einen Ami? Richtig, Eis!"
Wir verlassen die Mesa, fahren durch Ute- und Zumi-Indianergebiet nach Durango. Bewaldete Hügel säumen jetzt die Straße. In Durango biegen wir Richtung Norden ab.

In den Rocky Mountains

Kurz nach Verlassen der Stadt am Fuße der San Juan Mountains sehen wir die ersten Skilifte. Die Ausläufer der Rockies empfangen uns mit sanften Hügeln zu beiden Seiten der Straße. Ein Bach windet sich rechts neben uns meilenweit wie eine Schlange durch saftig grünes Wiesenland. Überall Laubbäume, die sich in herbstlicher Farbenpracht präsentieren. Wir befinden uns jetzt auf der US 550, dem ‚Million Dollar Highway'. Gold und Silber für über 300 Millionen Dollar wurden über dieses Asphaltband transportiert, dessen Baukosten ebenfalls Millionen betrug. Selbst im Schotter des Highways sollen sich Edelmetallspuren im Millionenwert befinden. Die Panoramastraße windet sich immer steiler bergauf. Angesichts der steilen Schluchten direkt neben der Fahrbahn reicht meine Konzentration nicht mehr. Ich passe. Fahrerwechsel mitten im Gebirge, noch vor dem ersten Pass in 10910 Fuß Höhe. Berni übernimmt das Steuer. Jetzt kann ich die Aussicht auf die schneebedeckten Gipfel, die Nadelholzwälder, die klaren, tiefblauen Bergseen und die vielen Wildbäche genießen.
Eine Gedenktafel erinnert an den ‚Lime Creek Burn' von 1879. Über 100 Millionen Kubikmeter Wald fielen damals den Flammen zum Opfer. Die seit damals kontinuierlich durchgeführten Wiederaufforstungsarbeiten sind bis heute noch nicht abgeschlossen. Unvorstellbar. Wir folgen dem

Mineralcreek, lassen den kleinen Ort Silverton rechts liegen. Nachdem Ende des 19. Jahrhunderts eine Eisenbahnlinie von Durango nach Silverton fertiggestellt war, wurde aus dem kleinen Bergarbeitercamp eine wilde Westernstadt. Spieler, Huren und Gangster fielen in die Stadt ein. Um Ruhe und Ordnung wieder herzustellen, warben die Stadtväter sogar den gefürchteten Marshall von Dodge City ab. Noch schönere und ältere Gebäude finden wir in Ouray, auch ‚Little Switzerland' genannt. Man fühlt sich wirklich in die Zeit des Wilden Westens versetzt, wenn man auf der Mainstreet die in einem Talkessel liegende Kleinstadt durchquert. Außer einem Amphitheater gibt es hier ein Freibad, in dem man ganzjährig im 40° C heißem Mineralwasser baden kann. Über dem Wasserbecken hängt weithin sichtbar eine dichte Dunstwolke, verursacht durch den großen Temperaturunterschied. Bergab geht es zum heutigen Etappenziel Montrose, CO. Dort kommen wir hungrig in der Dunkelheit an. Zu meiner großen Freude gibt es beim hiesigen ‚Taco Bell' auf Nachfrage ‚Chilli-Chesse-Buritos', die es früher bei allen Restaurants dieser Kette gab. Seit einem Jahr aber sind diese gefüllten Teigtaschen von der Speisekarte fast jeder Filiale gestrichen. Jetzt heißt es klotzen, nicht kleckern. „Ten Chilli-Cheese-Burritos, please. I repeat, ten!" Als wir vor dem Ausgabeschalter im Auto warten, kommen abwechselnd alle Angestellten zum Fenster, um uns wie exotische Tiere zu beäugen. Was soll's. Ich freue mich wie ein Schneekönig, als ich den ersten Burrito aus der großen Tüte nehme und ihn genüsslich verspeise. Herrlich. Auch Berni schmeckt meine Leibspeise. Die Zigarette ‚danach' zünde ich mir vor lauter Begeisterung am Filter an. Ich huste, spucke und fluche, werfe die Kippe aus dem Fenster. Berni kugelt sich vor Lachen, kann sich kaum wieder beruhigen. ‚Stufe zwei' ist das allemal wert. Wir haben für heute kein Quartier vorgebucht. Also klappern wir die wenigen Motels ab. Das erste ist das ‚Blue Fox'. 38 $ plus Steuer will der freundliche und sympathische Eigentümer haben. Wir würden es uns überlegen, sagen wir und suchen weiter. Die Alternativen sind rar, billiger ist kein anderes Motel. Also zurück zum Blaufuchs, benannt nach dem hier heimischen Wildtier. Wir seien ‚Low Budget-Reisende', ob wir keinen Sonderpreis bekommen könnten. Na gut, 36 $, einschließlich Steuer und Frühstück. Allerdings hat er keine Zimmer mehr ‚next', offeriert uns aber ‚opposit'. Einverstanden. In der typisch hufeisenförmig angelegten Motelanlage haben wir jetzt gegenüberliegende Zimmer, jeweils nur wenige Schritte vom in der Mitte geparkten ‚Roadrunner' entfernt. Als ich gerade dabei bin, meine Beretta aus dem Handschuhfach zu holen, um sie wie jeden Abend mit ins Zimmer zu nehmen, ertönt gellend laut eine Hupe im Dauerton. Obwohl ich alles andere als schreckhaft bin, zucke ich heftig zusammen, stoße mir fast den Kopf. Was ist passiert? Berni hat versehentlich den falschen Knopf auf der Fernbedienung gedrückt. Hupe statt Fernentriegelung des Kofferraums. Kann passieren. Schließlich ist es dunkel und er hat heute erstmalig die Insignien des Fahrers übernommen. Noch so ein Ritual. Wer fährt, hat die Funkfernbedienung. Die fernbedienbare Hupe ist nützlich auf Großparkplätzen. Auf Knopfdruck gibt Roadrunner aus der Ferne akustische Orientierungshilfe. An Schlaf ist nach diesem Schreck in der Abendstunde vorerst nicht zu denken. Nachdem wir unsere Sachen auf die keimfrei sauberen, offensichtlich von Frauenhand geschmackvoll eingerichteten und mit einer kompletten Küche ausgestatteten Zimmer gebracht haben, setzten wir uns an einen der Picknicktische in der Mitte des Hufeisens. Ein Bier, ein Ginger-Ale, Routenplanung für morgen, Anreicherung einer Gallonenflasche Trinkwasser mit Ascorbinsäure, reinem Vitamin C. Auch eines unserer Rituale.

Ein bis zwei Gallonen dieser kalorienfreien Spezialmischung trinken wir jeden Tag unterwegs. Nachts mache ich mir in der Mikrowelle zwei weitere Burritos warm, der Rest wandert als Notreserve in die 28-Quart-Kühlbox.

17. Tag

Wie immer sind wir früh wach, frühstücken Muffins im Office. Heute ist Montag, eigentlich wollten wir 100er in kleine Scheine wechseln. Aber heute ist Columbusday mit Festumzug, die Banken sind geschlossen. Auch die Post hat dicht. Wir fahren zu einem Wohnmobilhändler, auf dessen Gelände wir gestern abends mehrere Airstream-Wohnwagen gesehen haben. Anny, die Chefin persönlich, schließt uns die blitzenden, aus unverwüstlichem Aluminium gefertigten neuen und gebrauchten Trailer auf. Dabei sprudeln wie ein Wasserfall ohne Pause Informationen, Anekdoten und eigenen Restaurationserfahrungen aus ihrem Mund. Während Berni die Wagen genau unter die Lupe nimmt, bin ich schutzlos dem verbalen Trommelfeuer der stämmigen Unternehmerin ausgesetzt und frage mich insgeheim, wie es ihr gelingt, Luft zu holen. Um ihren Redefluss zu unterbrechen, frage ich Anny, ob man bei den ausgezeichneten Preisen etwas machen könne. „Sure, that's not written in stone!" bekomme ich zur Antwort. Diese Formulierung begeistert mich. Nicht in Stein gemeißelt. Natürlich kann man über den Preis reden. Herrlich. Ein Idiom vom Feinsten. Berni schüttelt nur für mich ersichtlich den Kopf. Nicht das Richtige. Wir lassen uns eine Business-Karte geben und suchen das Weite. Im Auto genießen wir eine Zigarettenlänge lang die herrliche Stille, bevor wir auf der US 50 nach Osten fahren. Bis Salida, CO ist wieder 'Nackengymnastik' angesagt.

Östlich der Wasserscheide fließt Blut

Ständig weht der Wind verdorrte runde Büsche über die Straße. Wie auf der staubigen Mainstreet einer Geisterstadt im Kino. Höhepunkt dieser Tagesetappe durch den Gunnison National Forest vorbei an Cimarron und Gunnison ist das Überqueren der kontinentalen Wasserscheide am Monarch Pass in einer Höhe von 11.312 Fuß. Zum Vergleich: Das Basislager der letzten Expedition, die einen 7000er-Gipfel im Himalaja besteigen wollte, lag bei 3900 Metern. Wir haben mal wieder Glück. Die Continental Divide ist schneefrei. Auf dem Parkplatz stehen einige Autos mit qualmenden Kühlern. Über eine gesperrte, böse Holperstrecke quälen wir uns auf ein kahles Gipfelplateau in über 4000 Metern Höhe. Die Luft ist sehr dünn, die Aussicht unbeschreiblich. Orkanartiger Sturm wirbelt die dünne Erdkruste auf und reißt uns fast von den Beinen. Es ist so schneidend kalt, dass wir nach zwei Minuten vor Kälte zitternd wieder ins Auto flüchten. Ich bin zwar immer noch mit kurzer Hose und Sandalen bekleidet, habe mir jedoch ausnahmsweise Strümpfe und eine Jacke angezogen. Immerhin habe ich zwei Kaffee gewonnen. Berni und ich wetten immer miteinander, um Spaß zu haben oder uns wach zu halten. Wetteinsatz ist jeweils eine Tasse Kaffee. Jetzt habe ich einen Kaffee gewonnen, weil ich auch in den Rockies mein sommerliches Outfit getragen habe und einen Zweiten, weil wir über 4000 Höhenmeter gekommen sind. Am Ende der Reise liegt Berni allerdings mit neun Kaffee vorne. Wieder unten am Monarch Pass wärmen wir uns im Gasthaus auf. Hier bekommt man Essen, Trinken, Souvenirs und Abschusslizenzen für Hirsche. Jeder Käufer einer Lizenz erhält gratis ein orangefarbenes Käppi. Jäger sind im wildreichen Colorado ein wichtiger Wirtschaftsfaktor und

werden umworben. Auf großen Plakatwänden vor Bars und Restaurants werben die Betreiber in leuchtendem Orange mit ‚Hunters Welcome'. Hier darf man in voller Jagdmontur und bewaffnet einkehren. Tödlicher als Gewehr und Flinte ist für die Tiere jedoch der Straßenverkehr. Erschreckend viele verendete Waipitis liegen am Rande des Highways. Wie viele Autofahrer mögen hier durch Wildunfälle ebenfalls getötet worden sein? Nicht lange darüber nachdenken, lieber vorsichtig und möglichst bei Tageslicht fahren. Es geht jetzt stetig bergab. Wir wollen eine Pause machen und suchen eine Stelle, um rechts ranfahren zu können. Endlich, die Felswand weicht ein Stück zurück. Von der Straße aus nicht zu sehen, führt ein Weg um eine Felskante, die sich zu einem engen schlauchartigen Durchlass öffnet und in einen Canyon führt. Abenteuer pur. Im sonnenüberströmten Seitencanyon stellen wir fest, dass dieser Platz wohl regelmäßig von ortskundigen Liebespaaren genutzt wird. Leere Bierflaschen, Kondome und anderer Müll weisen darauf hin. Trotzdem ein faszinierender Ort. In meinen Sandalen versuche ich, einen Geröllhügel zu erklimmen. Dabei rutsche ich aus, falle hin und schürfe mir meine linke Körperseite auf. Bernd eilt mir zur Hilfe. Es ist halb so wild, ich stehe schon wieder. Gebrochen oder verstaucht ist nichts, die Wunden sind zwar verdreckt, bluten aber nur leicht.
So gut wir auch ausgerüstet sind, einen Verbandskasten haben wir nicht. Der ist anders als in D auch nicht vorgeschrieben und gehört daher nicht zum Standartequipment des Leihwagens. Wir fahren die Hauptstraße weiter, auf der Suche nach einem Geschäft, in dem man Desinfektionsmittel kaufen kann. Nichts. Meilenweit keine Ortschaft. Nach einer halben Stunde Fahrt halten wir an einem Flussufer. Mit Bernd Hilfe reinige ich meine Wunden im Texas Creek. Berni gibt mir sein letztes Handtuch. Nach einer weiteren halben Stunde endlich eine

Handvoll Häuser und ein Indianer-Store. Leider führt der winzige Laden kein Desinfektionsmittel. Die Verkäuferin erklärt mir, dass man Wunden notfalls auch mit Dauerwellflüssigkeit keimfrei machen könne. Das sei allerdings schmerzhaft. Die Flüssigkeit solle vorsichtig auf die Wunde getupft werden. Besser als nichts, denke ich und kaufe eine ganze Flasche ‚Hydrogen-Peroxide', eine dreiprozentige Lösung H2O2 für 0,79 $. Direkt aus der Flasche gieße ich mir das Zeug über die verletzten Stellen. Die Flüssigkeit reagiert heftig, wirft Blasen auf der Haut. „Schade, dass ich kein Masochist bin", denke ich und freue mich, als Bernd mir das Handtuch bringt, mit dem ich die Wunden abtrockne. Im Auto flachsen wir schon wieder und erzählen uns Blondinenwitze. Keine meiner Verletzungen hat sich später entzündet, alles ist wunderbar verheilt. Gelobt sei, was hart macht. Dank sei dem Erfinder der Dauerwelle. Ohne weitere Zwischenfälle verlassen wir bei Canyon City die Rocky Mountains und kommen nach Pueblo, CO. Die Stadt liegt an der I-25, nur 40 Meilen südlich von Colorado Springs und 100 Meilen südlich von Denver. Hier suchen wir einen Mazda-Händler auf, um für Bernis Sohn Christian ein spezielles Zubehörteil zu besorgen. Wir beschließen, heute noch die Staatsgrenze zu NM zu überqueren. „Raucherparadies, wir kommen." In Raton, NM fahren wir von der IS 25 ab und checken nach über 300 m Tagesstrecke für 24,99 $ im sehr einfachen ‚Mesa Vista Motel' ein. Roadrunner wird an der benachbarten Conoco-Tankstelle gründlich versorgt.

Westlich des Pecos in Santa Fé und am Rio Grande

18. Tag

Schon zum Frühstück essen wir bei ‚Dennis' Shirloin-Steaks, Hashbrowns and eggs ‚over'. Zum Kaffee bis zum Abwinken qualmen wir genüsslich, was das Zeug hält. Unsere Zippo-Sturmfeuerzeuge mussten schon zwei Mal ‚nachgetankt' werden. Über die IS 25, die von den Rocky Mountains zu einem riesigen Umweg gezwungen wird, fahren wir südwestlich nach Santa Fe. Auf dem Weg dorthin überqueren wir den Pecos. Hier, westlich des Pecos, war im vorletzten Jahrhundert der legendäre ‚Richter' Roy Bean das Gesetz.
Direkt vor der spanischen Kathedrale finden wir einen Parkplatz und erkunden die frühere Hauptstadt der Konquistadoren in der Neuen Welt per pedes. Einstöckige, im Pueblo-Stil gebaute Häuser säumen die engen Straßen der Innenstadt. Wir wechseln Geld bei der First National Bank und berauschen uns in den zahlreichen Geschäften an hochwertigen Schmuckstücken und Souvenirs. Berni entdeckt einen prunkvollen Silbergürtel für über 10.000 $. Leider einige Preisklassen zu hoch für uns. An der großen Plaza steigt mir ein verlockender Duft in die Nase. Ein mexikanischer Imbissstand. Da meine Spanischkenntnisse offensichtlich eingestaubt und zur Verständigung nicht ausreichend sind, unterhalte ich mich auf Englisch mit Roque, dem örtlichen Original und Carnita-Verkäufer. Auf dem mit Mesquite-Holz betriebenen Grill röstet Roque vor unseren Augen mageres Fleisch, frisches Gemüse und Fladenbrot. Als ich in meine köstlich duftende Fleischtasche beiße, treten mir sofort die Tränen in die Augen. Whow, was ist das scharf! Jede Menge ‚Hot Chili', die auf dem Grill wie unscheinbare Paprika aussahen. Zu einem zweiten Biss kann ich mich nicht durchringen. Auch Berni winkt dankend ab, bis über beide Ohren grinsend. Verstohlen wandert Roques BBQ in den nächstbesten Mülleimer. Wir steigen an der großen Standuhr, das Original war das erste seiner Art im Westen, bevor es von

einem der ersten Motorfahrzeuge umgefahren wurde, für 10 $ in einen Sightseeing-Trolley. Die Stadtrundfahrt in dem offenen Fahrzeug soll 90 Minuten dauern. Es ist stinklangweilig und bitterkalt. Hier liegt in manchen Jahren von September bis Mai Schnee. Mike, der Fremdenführer aus Pennsylvania, blubbert ohne Unterlass. Nach einer halben Stunde haben wir Ohren und die Nase voll. Am Museum für indianische Kunst und Kultur steigen wir kurzerhand aus. Mit einem Linienbus, den wir per Handzeichen auf offener Strecke stoppen, fahren wir für je einen Dollar zurück nach Downtown. Die gewonnene Zeit nutzen wir für einen Abstecher zum Rio Grande in den Jemez Mountains. 30 Autominuten südwestlich von Santa Fe, im Gebiet der sieben großen Indianer-Pueblos, stehen wir am Ufer des flachen Flusses, der später die Grenze zwischen den USA und Mexiko bildet. Flussaufwärts wird der Rio Grande zu einem See gestaut, flussabwärts fließt er durch eingezäunte Indianerreservate. Wir meiden den Ballungsraum Albuquerque und fahren über die IS 25 N und die US 285 S auf die IS 40 E. Als ich kurz vor Santa Fe vom mittleren auf den rechten Fahrstreifen wechseln will, übersehe ich neben mir im toten Winkel ein anderes Auto. Nur dank Bernis Warnung vermeiden wir einen Unfall. Wir haben uns noch immer nicht daran gewöhnt, dass man hier auf mehrspurigen Straßen auch rechts überholen darf. Die gleiche Situation wiederholt sich Tage später noch ein weiteres Mal. Wohl dem, der einen aufmerksamen Beifahrer hat.

Don't mess with Texas

Auf der Fahrt Richtung Osten bemerken wir den allmählichen Übergang der Landschaft in die Great Plains, die Prärie. Wir passieren die Grenze zu Texas, dem ‚Lone Star State' und verlieren eine Stunde durch den Wechsel in die Central-Time-

Zone. Das kümmert uns wenig, denn in Amarillo, TX dem heutigen Etappenziel, wollen wir einen Ruhetag einlegen. Nur wenige Meilen nördlich von unserer Fahrtstrecke befindet sich der Llano Estacado, eine aus den Karl May-Romanen bekannte karge Steppenlandschaft. Schon bei unserem ersten Tankstopp im flächenmäßig größten Bundesstaat der zusammenhängenden USA, sticht uns auf T-Shirts, Ansichtskarten und fast allen anderen Souvenirartikeln der markige Slogan ins Auge „Don't mess with Texas", was so viel bedeutet wie „Leg' Dich nicht mit Texas an, Du ziehst sowieso den Kürzeren!" Entstanden ist dieser Begriff in den 80er Jahren im Rahmen einer Aktion der texanischen Behörden gegen Littering. Für die Umweltverschmutzung durch das verbotene Entsorgen von Müll wurden unter diesem Motto drakonische Strafen angedroht. Mittlerweile haften dem Spruch jedoch auch übertragene Bedeutungen an. Er begegnet uns auf Schritt und tritt, scheint fast allgegenwärtig. „Don't mess with German guys!" hält Einzug in unseren aktiven Wortschatz.
Gegen 21 Uhr weist uns das vertraute blaue Neonschild den Weg zu unserem M6, in dem wir für zwei Nächte einchecken. Die idiotensichere Wegbeschreibung beschränkt sich im Prospekt auf maximal zwei Zeilen und hat Vorbildcharakter für deutsche Pendants. Amarillo ist mit seinen knapp 200.000 Einwohnern immerhin die größte Stadt des Panhandle, des Pfannengriffes Texas' und verfügt über gleich drei M6. Wir haben die Zimmer 129 und 130 im billigsten der drei. Wie immer, hat Berni mal wieder das etwas bessere Zimmer erhalten. Ein Quell nicht versiegender, gutartiger Sticheleien. Zum ersten Mal rechnen wir den Spritverbrauch von Roadrunner aus. Mit gleichbleibender Geschwindigkeit von etwa 70 Meilen haben wir heute ganz gemütlich 496 Meilen ‚gefressen' und 12,3 Gallonen getankt. Das entspricht, wie wir

nach einiger Rechnerei verblüfft feststellen, einem Verbrauch von sechs Litern auf 100 Kilometer. Unglaublich wenig für ein schweres, vollbeladenes Fahrzeug mit ständig eingeschalteter Klimaanlage.

19. Tag

Bevor wir bei ‚Dennis' ausgiebig frühstücken, weil Rauchen erlaubt ist, bringen wir unsere bislang gemachten Kleinbildfilme zum Entwickeln in die nächstgelegene ‚Walgreens'. Direkt nach dem Frühstück können wir uns die fertigen Fotos bereits anschauen. Die Kosten sind deutlich niedriger als in D. Danach verbringen wir fast zwei Stunden im Sheplers Western Store ‚Boots & Jeans', geraten beide in einen wahren Kaufrausch. Riesenauswahl, hochwertige Qualität, angemessene Preise, qualifiziertes und zuvorkommendes Personal. Hier ist der Kunde wirklich König. Auch über Zugaben und Rabatte darf gesprochen werden. Pflegehinweise für den Stetson, Anziehtipps für die Stiefel, Farb- und Größenberatung? „No problem, Sir. You're very welcome!" Als wir gehen, haben wir Ledergürtel, T-Shirts, Jacke, Cowboystiefel, Stiefelsocken, Stetson und einen massiven Stiefelknecht gekauft. Auch Katalogbestellungen sind unter ‚www.sheplers.com' möglich. Sechs Meilen westlich von Amarillo, an der alten Route 66, befindet sich die ‚Cadillac Ranch'. 1977 ließ der reiche Texaner Stanley Marsh III. zehn alte Cadillacs unterschiedlicher Baujahre in einer Reihe mit der Schnauze im Boden eingraben. Die Heckflossen nebst Fahrgastzellen ragen als Kunstwerk schräg gen Himmel. Wir treffen vor dem Kunstwerk Betty und Hank, ein Ehepaar aus Baltimore, das die gesamte Route 66 bereist. Von Chicago nach L.A.. Betty schwärmt von einem historischen Jail in Texola an der Grenze zu Oklahoma, das sie

gestern besichtigt haben. Wir versprechen, uns das Gefängnis anzusehen, da es auf unserem Weg liegt. Anderntags sind wir dann sehr enttäuscht, das Jail entpuppt sich als verlassenes, heruntergekommenes Gebäude. Ein paar Gitterstäbe in einem der Fenster lassen erahnen, welche Funktion diese Ruine einstmals gehabt haben mag. Soviel zum Thema unterschiedlicher Geschmack. Auf der Cadillac Ranch leiht Betty uns großzügig ihren Filzstift, mit dem sie sich soeben auf dem Lack eines der Straßenkreuzer verewigt hat. Hier waren schon so viele Graffity-Künstler am Werk, dass ein Namenszug mehr oder weniger keinen Unterschied macht.
Zur Siesta fahren wir ins Motel. Nach dem Mittagsschlaf machen wir einen Ausflug in den Llano Estacado, sehen Longhorns und Riesenameisen mit feuerrotem Hinterleib sowie einen Güterzug, der von drei Triebwagen gezogen wird und dessen Ende nicht zu erkennen ist. Wir sind in Texas!
In einem Barber-Shop will ich mich rasieren lassen. Herrliches Ambiente, rote Lederpolsterung, weiße Keramikwasserschüsseln, das genaue Abbild des Klischees in meinem Kopf. Kumpel Bernd soll mich dabei filmen. Der texanische Figaro ist jedoch kamerascheu und lässt sich nicht darauf ein. Da noch zwei Kunden vor mir dran sind, lohnt sich das Warten nicht.
Nach einem Drink in einer provinziellen Nude-Bar wollen wir ein echtes Longhorn-Steak essen. Wir fahren zum Exit 75 der I-40. Hier befindet sich ‚The Big Texan Steak Ranch'.
Der Parkplatz ist gerammelt voll. Viele Pickups, ein sehr gutes Zeichen. Drinnen haut es uns fast um. Wir fühlen uns um 150 Jahre in der Zeit zurück versetzt. Ein riesiger Saloon mit umlaufender Balustrade. Kronleuchter und Ventilatoren unter der Decke. Roh behauene Tische und Bänke. Echte Tiertrophäen an den Wänden. Die Speisekarte in verschnörkelter

Westernschrift auf einer fingerdicken, aktenkoffergroßen Holzplatte. Ein riesiger Holzkohlengrill, etwa vier Meter breit. Das Personal in original Westerntracht als Sherrif mit Hut und Waffengurt oder Barmädchen mit Kleid und Strumpfband verkleidet. Ein blinder Klavierspieler. Leider wirklich blind. Dazu ein Gitarrenspieler, der es mir besonders angetan hat. Er spielt und singt hervorragend. Nachdem uns ein Revolverheld einen Tisch am Fenster angewiesen hat und wir bei der bildhübschen, strapstragenden Jenny unsere Bestellung aufgegeben haben, gehe ich zu Ed, dem Gitarristen. Meinen neuerworbenen Stetson habe ich natürlich auf, falle damit hier überhaupt nicht auf. Bis zur Abreise habe ich ihn fast nur zum Schlafen abgesetzt, er ist ein viel besserer Sonnenschutz als ein Käppi. Ich bitte Ed, an unseren Tisch zu kommen, es solle sein Schaden nicht sein. Wenige Minuten später erscheint Ed Montana bei uns. Unter diesem Künstlernamen hat er schon einige CDs mit Countrymusic produziert, wie wir später erfahren. Unter dem beifälligen Gejohle der Einheimischen an den Nachbartischen wünsche ich mir zuerst ‚Take me home, Countryroad'. Mit sonorer Stimme und harmonischen Akkorden präsentiert Ed den Song, ohne Rücksicht auf Dissonanzen oder lückenhafte Textkenntnisse gröle ich mit. Mein Enthusiasmus scheint Ed zu gefallen. Er erfüllt mir auch meinen zweiten Titelwunsch ‚This land is your land'. Wir harmonieren diesmal schon besser. Ich reduziere die Lautstärke und beschränke mich textsicher auf den Refrain ‚From Redwood Forest to New York Island...' Von allen Seiten erhält Ed Applaus, von mir ‚give me five' und ein stattliches Trinkgeld. Als Zugabe singt Ed noch ‚King of the Road', was die offensichtlich zahlreich vertretenen Trucker fast zur Raserei bringt. Jetzt bringt ‚sweet' Jenny auf einem riesigen Tablett unser Essen und Ed geht ein paar Tische weiter. Bernd bekommt ein 12oz. Filetsteak, ich eine Spezialität

mit irreführendem Namen: Chicken-Fried Steak. Dabei handelt es sich um ein paniertes Stück gebratenes Rindfleisch, platt geklopft und so zart, dass man es mit einer Gabel zerteilen kann. Nach BBQ und Tex-Mex die dritte und letzte kulinarische Spezialität, die ich unbedingt kosten wollte.
Zu den Hauptgerichten werden hausgemachter Kartoffelsalat, Bohnen nach Cowboyart und frittierte Kartoffelchips mit Dipp nach Art des Hauses gereicht. Ausnahmslos lecker. Wir sind vom Essen, dem Ambiente sowie der Atmosphäre im Saloon so begeistert, dass wir uns Stufe eins bis drei geben. Als ich eine unscheinbare, blassgrüne Schote anknabbere, um meine Schalen, Teller und Schüsseln gänzlich zu leeren, stockt mir der Atem. Ich spucke fast Feuer, der gesamte Rachenraum rebelliert, der Magen brennt. ‚Damned, holy shit' fluche ich innerlich bereits in Landessprache, während ich erst mein großes Glas Wasser, danach auch ungefragt Berni's Glas austrinke. Gottlob existiert dieses uralte Gesetz aus Pionierzeiten, wonach man in jedem Lokal ungefragt und kostenlos Wasser erhält. So heftig waren selbst die Chili-Attacken in New Mexiko nicht. Berni schüttelt sich vor Lachen, hatte er mich doch schon vor den Bohnen gewarnt. Natürlich habe ich überlebt, hatte fortan aber einen Höllenrespekt vor Chili und Co. Schreck und Schmerz sind schon wieder vergessen, als ich die erfreulich niedrige Rechnung bezahle und Jenny mir erlaubt, das Trinkgeld aus 1-$-Scheinen unter ihrem Strumpfband zu drapieren. Sie schwebt davon, nicht ohne uns zu ermahnen, bald wieder zu kommen. Sweetheart, wir werden es versuchen! Im Vorraum steht ein überdimensionierter Schaukelstuhl. Hier darf sich nur reinsetzten, wer das 72oz. Steak innerhalb einer Stunde verzehrt hat. Das Steak ist im Erfolgsfall kostenlos, lesen wir auf einem Schild. 72 Unzen, das sind beachtliche 2041 Gramm. Vielleicht

versuchen wir es beim nächsten Mal. Dieser unvergessliche Abend endet damit, dass Bernd auf der Rückfahrt zum Motel an einer Tankstelle ein Airstream-Wohnmobil mit integrierter Antriebseinheit sichtet. Das erste und einzige Exemplar, das wir auf dieser Reise zu Gesicht bekommen.

<u>Durch die Weite der Prärie</u>

20. Tag

Während wir unsere Blueberry-Muffins zum Frühstück verzehren, Kaffee trinken und Country-Musik hören, steuert Berni Roadrunner durch die Weite der Prärie immer gen Osten. Hohes Präriegras dominiert die Landschaft, gelegentlich unterbrochen durch kleinere Wälder. Die Laubbäume hier im Flachland haben noch keine Blätter verloren. In Gedanken sehen wir riesige Büffelherden durch die sanft gewellten Weidegründe ziehen und jagende Indianer mit Pfeil und Bogen auf ihren gescheckten Mustangs.
Wir überqueren den Red River, den Canadian und den Arkansas, durchqueren die Jagdgründe der Cherokee, Shawnee und der hierhin zwangsumgesiedelten Seminolen, passieren die Staatsgrenzen zu Oklahoma, ‚Discover the Excellence' und Arkansas, ‚The Natural State'. Die Fahrt führt uns durch die Ölstadt Oklahoma City, OK und Fort Smith, AR, wo noch ein Galgen zu besichtigen ist, an dem zu Zeiten des Goldrausches Pferdediebe und andere Verbrecher aufgeknüpft wurden.
Auf meiner Beifahrerseite steht im Süden die Sonne, gegen die ich mich mit Stetson und Sonnenbrille schütze, so gut es geht.
An einer großen Cherokee Trading Post legen wir eine kurze Rast ein. Hier kaufen wir Schnupftabak, der so stark ist, dass bei dauerhaftem Konsum Zahnverlust droht, wie als Warnhinweis

auf der Dose zu lesen ist. Wir verzichten aufs Schnupfen und rauchen lieber. Kautabak rühren wir auch nicht an. „Ekelig!“, sind wir einer Meinung. Als wir uns der Arkansas Border Line nähern, geht die Prärie in dichten Mischwald über. An der Grenze selbst ein Hinweisschild: „Speedlimit strictly enforced. No tolerance!“ Hier darf man nicht fünf Meilen schneller fahren, als ausgewiesen. Betty und Hank an der ‚Cadillac Ranch’ hatten uns gestern bereits vor dieser Besonderheit Arkansas’ gewarnt. Berni nimmt sofort die erforderliche Korrektur am Tempomat vor. In Russelville, AR tanken wir für rekordverdächtig günstige 1,349 $ pro Gallone. Das sind umgerechnet 30 Eurocent pro Liter. An der Superstop-Tankstelle bekommen wir für 2 $ endlich auch eine zigarettenschachtelkleine Rebellenfahne der Rednecks für die Autoantenne. Ein blaues Andreaskreuz auf rotem Grund, die Kriegsflagge der Südstaaten. Als wir gegen 18 Uhr erstmals nach der letzten Polizeikontrolle wieder auf meinen Namen im M6 einchecken, zieht sich die Prozedur in die Länge. Während Berni im Auto wartet, trage ich wie immer meinen Namen, als Heimatadresse ‚Circus-Circus, Las Vegas’ und bei Autokennzeichen ‚white Chevy Malibu’ ein. Das hat bisher immer ausgereicht. Im Voraus per Kreditkarte oder Cash bezahlen und fertig. Dieser etwa 70jährige Angestellte erweist sich als misstrauischer Erbsenzähler. Erst will er den ZIP-Code, die Postleitzahl, von Las Vegas wissen. Dann das Autokennzeichen. Ich zucke mit den Schultern, erkläre ihm, kein gutes Zahlengedächtnis zu haben. Dann will er meinen Ausweis sehen und sogar meine zum zehnprozentigen Seniorenrabatt berechtigende AARP-Mitgliedskarte. Beides zeige ich ihm. Dann geht er mit zum Auto und notiert sich das Kennzeichen. Sehr pflichtbewusst, sehr patriotisch, sehr dumm. Er erhält nämlich kein Trinkgeld und einen Weckauftrag für 6:15 a.m. Zum Abendessen holen wir uns von McD

Doublecheeseburger, das Stück für einen Dollar, sowie French Fries. Majonaise für die Fritten haben wir immer in der Kühlbox.

The Deep South

21. Tag

Noch im Dunkeln fahren wir los. Heute wollen wir bis New Orleans, eine Strecke von über 1000 Kilometern durch vier Bundesstaaten. Wir trinken im Auto drei große Becher Kaffee, um wach zu werden. Der im M6 ist free, der an der Tankstelle kostet 1,20 $, der unterwegs bei McD 85 c und ist wie immer kochend heiß. 20 Minuten Wartezeit, bis er trinkbar ist. Berni fängt schon einige Minuten eher als ich mit dem Schlürfen der flüssigen Droge an. Sein Gaumen reagiert ja auch auf Chili nicht so heftig wie meiner. Über Little Rock, AR fahren wir nach Osten in den ‚Volunteer State' Tennessee, bis wir den Mississippi überqueren und in der Elvis-Stadt Memphis, TN nach Süden auf die I-55 abbiegen. Wir kommen an der Ausfahrt ‚Presley-Boulevard' vorbei, verzichten jedoch auf einen Besuch in ‚Graceland'. Zu teuer, zu kitschig, zu kommerziell. Stattdessen stöbern wir im ‚Goodwill Store', einem riesigen Trödelladen herum. Berni entdeckt eine über 30 Jahre alte LP der ‚Stones' mit einem originellen Cover für 99 Cent. In einem ‚Sams Club' sieht mein Freund Stabtaschenlampen bester Qualität für weniger als 20 $, die in D das Dreifache kosten. Fünf Stück packt er in den Einkaufswagen. Erst mein Appell an unsere Platznot in den Reisetaschen bewegt ihn dazu, drei Exemplare wieder zurück zu legen. Erst an der Kasse merken wir, dass wir in einem Großmarkt gelandet sind, für den eine Mitgliedskarte erforderlich ist. Kein Problem. Die Dame hinter

uns in der Schlange ist auf entsprechende Bitte sofort bereit, uns ihre Karte zu leihen. Die Hilfsbereitschaft der Menschen wird uns ebenso in Erinnerung bleiben wie die Erlebnisse und Naturschönheiten. Gleich jenseits der Bordmerline in Mississippi, dem ‚Magnolie State' stoßen wir auf der Suche nach Ansichtskarten auf einen Army Supply Shop. Viele dort frei verkäufliche Gegenstände würden in D unter das Kriegswaffenkontrollgesetz fallen. Wir belassen es beim Gucken und Staunen, cruisen weiter gen Süden. Bald sehen wir großflächige Baumwollfelder, wenig später die erste Sumpflandschaft. Zum Lunch nehmen wir an einer Tankstelle bei Winona, MS eine Chili-Suppe und ein Hähnchenbrustfilet-Sandwich nach Südstaatenart.
Stunden später bekommen wir wieder Kaffeedurst. Am Autoschalter eines McD bezahle ich und mache der jungen, hübschen Afroamerikanerin einige Komplimente. Das ist im Machtbereich des Ku-Klux-Klans offensichtlich so ungewöhnlich, dass sich die durchweg farbigen Mitarbeiter am Fenster des Ausgabeschalters die Nasen platt drücken. Es wird gedrängelt, um auch ja einen Blick auf uns Verrückte zu erhaschen. Jeder hat ein freundliches Lächeln auf den Lippen, hinter denen wir neidvoll die strahlend weißen Zähne blitzen sehen. Als ich um etwas Süßstoff bitte, bekomme ich fast eine ganze Tüte voll.
Am späten Nachmittag erreichen wir Louisiana, den ‚Pelican State'. Auf einem Damm führt die Interstate zwischen Lake Maurepas und Lake Pontchartrain hindurch. Soweit das Auge reicht: Wasser, Mangroven, Sumpf. Nicht sichtbar, aber garantiert existent: Alligatoren, Schlangen und Mosquitos. Statt über die I-12, wie mein Beifahrer vorschlägt, fahre ich über die I-10 nach Slidell, LA zum dortigen M6. Weil ich nicht auf Berni höre, geraten wir in die Rushhour und machen einen Umweg

von mehr als einer Stunde. Immerhin sehen wir so die Skyline, den Hafen und den Superdome von New Orleans, versuche ich mir meinen Fauxpas schön zu reden. Wir überqueren den ‚Intracoastal Waterway' und sind kurz darauf endlich am Ziel. Freitags und samstags sind in den Ballungs- und Ausflugszentren die Zimmer teurer als an den anderen Wochentagen. Mit 34 $ pro Zimmer fühle ich mich noch gut bedient. Leider ist es so voll, dass wir nur weit auseinanderliegende Räume erhalten, Nr. 117 & 131. Zuerst laden wir das Gepäck meines Kumpels aus. Der frohlockt schon wieder, als er im Nachbarzimmer eine junge Blondine sieht, die offensichtlich solo ist. „Hast wieder mal Pech gehabt, Norbert." Wir sind zu kaputt, um noch ins hiesige lebhafte Nachtleben einzutauchen. Auch schreckt uns die hohe Kriminalitätsrate, besonders bei Dunkelheit. Ich bin gerade mit Duschen fertig, als das Telefon klingelt. „Hey Norbert. Komm mal rüber. Ob das neben mir wohl eine Nutte ist? Die Zimmertür steht die ganze Zeit weit offen." Das ist allerdings höchst ungewöhnlich. Wir haben festgestellt, dass jeder Motelgast großen Wert auf die Privatsphäre legt. Ich packe den Stier bei den Hörnern, frage durch die offene Tür auf Englisch, ob ich mal reinkommen dürfe. Mein Kumpel wohne nebenan. „Klar", erhalte ich zur Antwort. Als ich eintrete und die ‚Dame' zum ersten Mal richtig sehe, weiß ich Bescheid. Die Blondine ist keine Sie, sondern ein Er. Sofort frage ich die auf dem Bett sitzende, grell geschminkte Person: "Darf ich Ihnen eine sehr direkte und persönliche Frage stellen?". „Nur zu", werde ich freundlich ermutigt. „Sind Sie eine Frau, ein Mann, oder von beidem etwas?", komme ich zur Sache. „Von beidem etwas!" erhalte ich kokett zur Antwort. Die Stimme klingt gezwungen hell. „Das ist nicht mein Fall", erwidere ich betont locker. „Obwohl ich bin mir fast sicher bin, dass mir eine wichtige Erfahrung entgeht", flunkere ich gekonnt.

„Vielleicht überlege ich es mir ja noch, tschüss und einen schönen Abend!“ Mit diesen Worten trete ich den Rückzug an und poche an Bernis Tür. Lang, lang, unser Klopfzeichen. „Na, was ist. Was hat sie gesagt. Ist es denn eine Nutte?“. „Deine Süße ist ein Mann. Ein Transvestit. Ein Stricher. Comprende, amigo?“ Bernd ist sichtlich geschockt. Alles muss ich ihm ganz genau erzählen. Wir gehen in mein Zimmer zur täglichen Lagebesprechung. Bei einem Drink aus unserer Kühlbox lassen wir uns zum Diner zwei Pizzen von ‚Domino’ schmecken. Peperoni bedeutet hier Salami. Schneller Lieferservice, aber mit 10 $ pro Stück nicht gerade billig. Am nächsten Morgen erzählt mein Kumpel leidgeprüft, dass er kaum geschlafen habe. Die halbe Nacht seien Autos vor- und wieder weggefahren, Türen zugeschlagen worden und eindeutige Geräusche aus dem Nebenzimmer vernehmbar gewesen. Er räumt ein, diesmal nicht das bessere Quartier erwischt zu haben.

22. Tag

Schon um 7 Uhr sind wir wieder auf den Beinen. Macht der Gewohnheit. Ausgeschlafen fühle ich mich noch nicht. Mehrfach versuche ich, Berni anzurufen. Mist, immer besetzt. Bis ich merke, dass ich meine eigene Zimmernummer anwähle. Peinlich, peinlich. Es sind nur 30 Meilen bis zur Innenstadt von ‚New Oorlins’ oder ‚Noorliens’, wie die Einheimischen sagen. Den Weg kennen wir ja bereits. Unser Breakfast besteht heute nur aus viel Kaffee. So früh am Morgen finden wir sicher einen kostenlosen Parkplatz im French Quarter der Jazzmetropole. Weil sich unser gesamtes Gepäck im Fahrzeug befindet, besteht mein Sicherheitsfachmann jedoch auf einen bewachten Parkplatz. Dafür berappen wir dann saftige 7 $ die Stunde. Wir schlendern die Uferpromenade des ‚Ole Man River’ entlang, denken an Huckleberry Finn und seine Abenteuer. Am Kai liegt ein großer Schaufelraddampfer. Die erste Fahrt beginnt erst in mehreren Stunden. Wir bummeln durch die Canalstreet und über den French Market. Pferdekutschen, französische Kolonialbauten, Musikkneipen, Souvenirshops. Gelegentlich ein Bettler, Drogensüchtiger, Obdachloser oder Volltrunkener nach durchzechter Nacht. N.O. ist eine Stadt der Superlative, verfügt über die längste Brücke der Welt, liegt als einzige Stadt der USA unter dem Meeresspiegel, hat neben Las Vegas keine Sperrstunde. In ‚Big Easy' darf Frau blanken Busen zeigen, waren Prostitution und Glückspiel legalisiert. N.O. ist der Inbegriff für Jazz, Mardi Gras, Haute Cuisine und Voodoo. Wir beschränken uns auf den Besuch einiger bereits geöffneter Souvenirgeschäfte. Das Sortiment ist überall fast gleich. Die Karnevalsmasken für Mardi Gras sind recht hübsch, aber auch recht teuer. In allen Shops dröhnt Jazz aus den Lautsprechern. Noch schnell ins Hard Rock Cafe, dann nichts wie weg hier. Mit der Autofähre setzen wir über den längsten Fluss der Vereinigten Staaten. Die Fahrt kostet einen Dollar pro Auto.

Am Golf von Mexiko

Über die I-10 E geht es am Golf von Mexiko entlang. In Biloxi, MS liegt ein ‚Battleship', ein großes Schlachtschiff vor Anker. Kurz vor Mobile, AL erreichen wir ‚The Beautiful' Alabama. Ein kurzer Tankstop, ein kleiner Imbiss, ein paar Ansichtskarten, ein Sammelalbum für alle Quarter-Sondermünzen bis 2008 für 10,50 $. Das war's. Der Weg ist das Ziel. Nach weniger als einer Stunde Fahrt verlassen wir den Baumwollstaat schon wieder und befinden uns im ‚Sunshine State' Florida. Zwischen Pensacola, FL und Panama City, FL nehmen wir den HW 85 S. Als ich mich beim Fahren nicht mehr konzentrieren kann, übernimmt Bernd das Steuer. Entspannt rekele ich mich gerade im Copilotensitz, als der Pilot aufgeregt losschreit: „Norbert, da vorne rechts. Geier!“ Seit wann zum Teufel gibt es in Florida Geier, frage ich mich, sage aber laut: „Wende bei der nächsten Gelegenheit.“ Wir haben schon viele große Greifvögel über uns kreisen sehen, aber Geier? Ich schalte die Videokamera ein. Man kann ja nie wissen. Und Berni erzählt selten Unfug. Als wir die Stelle ein zweites Mal erreichen, sehen wir gerade noch einige langhalsige Tiere im Unterholz verschwinden. Eindeutig wilde Truthähne. Keine Geier. Na ja, nah dran. Langhalsige Vögel. Wie auf Kommando brechen wir gleichzeitig in Gelächter aus. Geier. In Florida. Schnell wird unsere Aufmerksamkeit anderweitig in Anspruch genommen. Wir blicken auf das grün glitzernde Wasser einer Lagune direkt voraus. Umrahmt von schneeweißen Sanddünen. Traumhaft schön, fast schon kitschig. Auf einer vorgelagerten Halbinsel liegt der Badeort, in dem wir Zimmer gebucht haben. Destin, FL. Direkt am Golf von Mexiko. Nachdem das Gepäck in unsere diesmal übereinander liegenden vier Wände geräumt ist, gehen wir kurz an den Strand. Fast menschenleer, der Sand ist hell und feinkörnig, das klare Wasser lauwarm. Leider wird es gleich dunkel. Zurück ins M6 und unter die Dusche. Die Top-Lage hat ihren Preis, exakt 40 $ kostet die Übernachtung. Dafür gibt es auch Kabelfernsehen, sogar HBO, vergleichbar mit Premiere. Nach 22 Uhr sogar mit Erotikprogramm.

23. Tag

Schon wieder strahlend blauer Himmel. Es ist schon fast unheimlich. Wir durchqueren einen ganzen Kontinent. Das schöne Wetter folgt uns überall hin, bis zum Abreisetag. „Wenn Engel reisen..“ pflegt meine Mutter zu sagen. Am Vortag habe ich im Motel meine Zahnputzutensilien liegen lassen. Bernd, Mundhygienefanatiker, hilft mir mit Zahnbürste und -pasta aus. Wir machen einen Strandspaziergang durch die Dünen und die sanft anbrandenden Wellen, bevor wir bei McD frühstücken. Auf dem HW 85 N platzt dem direkt vor uns fahrenden Geländewagen ein Reifen. Er kommt nach links auf den breiten Grünstreifen ab und überschlägt sich mehrfach. Bernd beweist gutes Reaktionsvermögen und verreißt das Lenkrad nicht. Bevor wir eine Möglichkeit zum Wenden finden, haben schon mehrere Fahrzeuge gehalten und leisten Erste Hilfe. Diese Billigreifen! Oft nur für Tempo 110 km/h konstruiert, die größte Schwachstellen der Trucks und Personenwagen. Wir halten schon lange gebührenden Abstand vor vorausfahrenden Trucks. Nirgends haben wir so viele zerfetzte Reifen auf und neben der Fahrbahn gesehen wie hier in den USA. Der Schreck steckt uns gewaltig in den Gliedern, der verunglückte Fahrer wird aber wohl glimpflich davon gekommen sein. Der Wagen sah neu und stabil aus, der Mittelstreifen war grasbewachsen und abfedernd, die Geschwindigkeit betrug nur knapp 60 Meilen. Auf dem 85. Längengrad W, mitten in Florida, befindet sich die letzte Zeitgrenze zur ‚Eastern Time'. Roadrunner läuft wie ein Uhrwerk, bringt uns auf der I-10 E Meile um Meile näher Richtung Ostküste. Hinter Tallahassee, FL nehmen wir bei ‚Taco Bell' ein zweigängiges Lunch zu uns. Chili-Cheese Burrito und Taco im Sonderangebot für 1,50 $. Über den HW 121 N machen wir einen Abstecher nach St. George, GA am Rand des ‚Okefenokee Swamp', einem großen Sumpf- und Naturschutzgebietes. Auf der Fahrt zur Grenze wette ich, dass das Georgia-Grenzschild nicht bunt, sondern schlicht sein wird. Berni hält dagegen. Und gewinnt. Farbenfroh heißt uns der ‚Peach State' als 15. und letzter Bundesstaat willkommen. Meilenweit fahren wir durch Georgia, bevor wir zu einer

Ansammlung von Häusern kommen. Das einzige Geschäft am Ort ist ‚Rook's General Store'. Kneipe, Restaurant, Supermarkt, Tankstelle und Kommunikationszentrum in einem. Wir tanken an einer Uralt-Zapfsäule mit mechanischem Zählwerk, kaufen Zigaretten, Souvenirs und eine Spezialität, die mitten im Laden in einem 20-Liter-Emaille-Topf auf kleiner Flamme warmgehalten wird. Süßsauer eingelegte, große Erdnüsse mitsamt Schale. Ein Kaffeebecher voll kostet einen Quarter. Wir setzen uns auf die Holzbank im Schatten einer großen Eiche vor dem Store, pellen und kosten die köstlich duftenden Peanuts. Lecker, wenngleich gewöhnungsbedürftig und natürlich - ziemlich scharf. Berni holt einen zweiten Becher, bringt eigeninitiativ zwei Dosen eiskalte Coke mit. Während der Haufen mit Schalen vor uns höher wird, beobachten wir das Kommen und Gehen der Kundschaft. Es ist Sonntag, und es herrscht ein reges, aber keinesfalls hektisches Treiben. Die Eichen, von deren Ästen lange Moosbärte herunterhängen, erinnern uns an das Südstaatenflair aus ‚Vom Winde verweht'. Als wir diesen idyllischen Ort verlassen, fühlen wir uns erholt, gestärkt und zufrieden. Jede Wette, dass wir mehr als die Hälfte der Dorfbewohner kennengelernt oder doch zumindest gesehen haben. Gut gelaunt und ausgeglichen legen wir die letzten Meilen nach Jacksonville, FL zurück. Hier, im billigsten der vier M6 in der größten Stadt Floridas, übernachten wir letztmalig, bevor wir Morgen den Atlantischen Ozean erreichen. Ein gutes Gefühl, es fast geschafft zu haben.
Seit Tagen habe ich keinen Zugang mehr zum Internet gehabt. Trotzdem frage ich bei der kostenlosen 800er-Telefonbuchungshotline der M6-Zentrale nach den günstigen Internettarifen. Man verbindet mich mit dem Manager, Nico. Dem schildere ich meine Situation, verweise darauf, Stammkunde zu sein. Ob ihn meine Argumente überzeugen,

oder er mich von meiner Laberei genervt nur schnell loswerden will, werde ich nie erfahren. Jedenfalls erhalte ich für alle Übernachtungen in Fort Pierce und Ft. Myers die etwa um 25 Prozent billigeren Internet-Konditionen. Natürlich mit ‚Confirmationnumber'. Stolz wie Oskar binde ich Berni sofort auf die Nase, dass wir soeben durch einen einzigen Anruf über hundert Dollar gespart haben.

Sightseeing am Atlantischen Ozean

24. Tag

Wir schlafen wie die Murmeltiere, fahren erst gegen 9 Uhr los. Nach etwa 10.000 Kilometern Fahrt stehen wir eine knappe Stunde später nebeneinander bis zu den Waden im Atlantik vor St. Augustine Beach, FL. Geschafft! Der Kontinent ist durchquert. Wir haben ihn bezwungen. Zum Ausdruck der Freude und Erleichterung sind Stufe eins bis drei fällig. Was jetzt folgt, ist Zugabe. Die älteste Stadt der USA, St. Augustine, haut uns nicht vom Hocker. Die älteste Kirche Nordamerikas, Bauten im spanischen Stil, ein altes Fort. Die Kanonen werden nur noch am Wochenende für die Touristen abgefeuert. Heute ist Montag. Also weiter über die Küstenautobahn I-95 S nach Daytona Beach. Hier darf man mit dem Auto den festen Sandstrand auf einer Länge von 23 Meilen befahren, wovon wir selbstverständlich Gebrauch machen. Five Bucks kostet der Spaß. Berni macht sich schon die ganze Reise lustig über meine meist erfolgreichen Versuche, möglichst dicht irgendwo ranzufahren, um möglichst wenig gehen zu müssen. ‚Very First Row Parking' taufe ich mein Spielchen.
Unser zuverlässiges Auto gehört mit zum Team, hat uns nie im Stich gelassen. Zur Belohnung wird es hier in Daytona erstmalig

mit Premium Fuel betankt, die Gallone ist etwa 30 c teurer als Regular. Vorher aber soll Roadrunner Salzwasser schmecken. Zum Befremden von Berni lenke ich unser Auto in einem schwungvollen Halbkreis durchs flache Meerwasser. Alles geht gut, wir bleiben nicht stecken und auch der Motor versagt nicht. Dann besichtigen wir den Daytona International Speedway, Austragungsort bekannter Motorsportveranstaltungen. Ein Rundkurs mit überhöhter Kurve. Mein ältester Sohn ist Fan von der #17 der Nascar-Rennen, Matt Kenseth. Den mochte er schon als Rookie, als unbekannten Anfänger. Dieses Jahr steht er kurz davor, Champion zu werden. Deshalb habe ich bislang auch vergeblich nach Fanartikeln Ausschau gehalten. Aber hier im Fanshop werde ich fündig. Schwarz-gelbe Artikel mit Namen und Startnummer 17. Einiges ist jedoch eindeutig zu teuer. So soll die Computermaus im Rennwagendesign fast 100 $ kosten. Da passe ich. Schal, Fahne, Käppi, T-Shirt und Schlüsselanhänger von Matt Kenseth sind bezahlbar. Gleich neben dem Motodrom ein anderes Stadion für Windhundrennen. Etwas weiter ein Waffengeschäft, vor dem ein echter, kleiner Panzer steht. Den Waffennarren entzückt die unglaubliche Auswahl an Revolvern, Pistolen, Flinten, Gewehren, Munition, Messern, Armbrüsten, Bogen, Nachtsichtgeräten, Zielfernrohren und sonstigen Ausrüstungs- und Bekleidungsartikeln auf mindestens 800 Quadratmetern Ausstellungsfläche. Weiter zum Kennedy Space Center auf Cape Canaveral. Wir kommen zu spät zum Visitor Center, um ein Original Space Shuttle von innen zu besichtigen. Das Gelände mit der Startrampe liegt von hier noch etliche Kilometer entfernt. Am Security-Gate verweigert man uns die Durchfahrt. Für eine Bustour ist es heute auch bereits zu spät. Nach der Explosion des letzten Space Shuttles sind für die nahe Zukunft auch keine bemannten Starts vorgesehen.

Wieder auf die I-95 S bis nach Ft. Pierce. Hier übernachten wir, direkt am Meer, in den uns vertrauten, da uniformen M6-Räumlichkeiten.

<u>Alligator Alley</u>

25. Tag

Auf Stühlen vor unseren Zimmern sitzend, beobachten wir den Sonnenaufgang. Nichts stört unsere Sicht nach Osten aufs offene Meer. Wir genießen den Augenblick. Das Wetter ist wie immer. Es wird jedoch zunehmend heißer, je weiter wir nach Süden kommen. Gefrühstückt wird im Auto, in dem Rauchfreiheit herrscht. Der Aschenbecher wird mehrmals täglich geleert. Im zähfließenden Berufsverkehr quälen wir uns auf der I-95 S immer dichter an den Ballungsraum Miami heran, bevor wir in Ft. Lauderdale endlich nach Westen abbiegen können auf die I-595/I-75, den mautpflichtigen Everglades Parkway, die Alligator Alley.
Lächerliche 1,50 $ kostet die Benutzung der in einem hervorragendem Zustand befindlichen, 100 Kilometer langen Interstate quer durch die Sümpfe der Everglades. Wir unterhalten uns darüber, wie viel Autobahngebühr man in Spanien, Italien oder Frankreich für diese Strecke bezahlen müsste. Über den HW 29 N erreichen wir Immokalee. Hier befindet sich ein Spielcasino der Seminolen-Indianer. Nur einige Hundert Spielautomaten und wenige Pokertische, kein BJ oder andere Spiele. Das Essen und die Getränke sind weit überteuert. Schnell wieder weg und auf dem HW 82 E nach Fort Myers. Für mich schließt sich hier der Kreis. In der Stadt am Golf von Mexiko bin ich vor mehr als drei Wochen gelandet. Noch bevor wir einchecken, kauft sich Berni eine entspiegelte, UV-Licht

filternde, schicke Sonnenbrille für acht Dollar und wasserfeste Sonnenschutzlotion mit dem Schutzfaktor 45. Beides ist hier in den Tropen dringend erforderlich. Wir erhalten für die Zeit bis zum Abflug in vier Tagen die Zimmer 225/226. In dieser Zeit wollen wir es ruhig angehen lassen, relaxen, baden, Sonne tanken und shoppen. Wahrscheinlich liegt es an der Tropenhitze, dass ich mich aussperre. An der M6-Rezeption erhalte ich problem- und kostenlos eine zusätzliche Chipkarte für das elektronische Türschloss. Berni versichert „Das ist mir unterwegs auch schon passiert." Nachmittags stürzen wir uns in das kristallklare Wasser des Golfes vor Estero Beach. Erfrischung Fehlanzeige, das Nass ist nicht kühl, sondern warm wie in der Badewanne. Der Weg zurück über den mehrere Hundert Meter breiten Strand zum Auto, dass auf dem kostenlosen Parkplatz vor dem ‚Holiday Inn' in der prallen Sonne steht, wird zur Tortur. Der feine, makellos saubere, fast weiße Sand verbrennt uns fast die nackten Füße. Auf der Rückfahrt fallen Klimaanlage sowie die Anzeigen für Tank und Kühlwasser aus. Alle Reparaturversuche Berni's bleiben erfolglos. Da scheint ein komplettes Relais den Geist aufgegeben zu haben. Schweren Herzens beschließen wir, am nächsten Morgen den Wagen umzutauschen. Als wir das Auto komplett ausräumen und alles Sonderzubehör entfernt haben, türmt sich ein Berg an Gepäck vor unseren Zimmertüren. „Das kriegen wir unmöglich alles mit ins Flugzeug", stellt Bernd treffend fest.

26. Tag

Trotz leidigen Rauchverbots frühstücken wir reichhaltig bei ‚Bob Evans'. Dann fahren wir zu ‚Alamo' am Flughafen. Problemlos bekommen wir einen vollgetankten Ersatzwagen

gleichen Typs. Goldmetallic statt weiß. Nur sechs Meilen auf dem Tacho, also brandneu. Roadrunners Tachostand beträgt jetzt 7547 m, abzüglich der 1200 m bei Übernahme hat er uns exakt 6257 m weit durch Amerika getragen. Bis zum Rückflug kommen weitere 771 m hinzu. Insgesamt bin ich also 7028 Meilen mit dem Auto gefahren, das entspricht 11.315 Kilometern. Die allermeisten Meilen haben wir genossen, nur wenige empfanden wir als Quälerei.
Zum neuen Auto gehören wieder zwei Schlüssel, natürlich durch ein solides Stahlseil miteinander verbunden. Zuerst will ich in die Werkzeugabteilung eines Supermarkts, um das Seil zu durchtrennen. Vorher sehe ich an einer Baustelle einen rauchenden Handwerker. Spontan halte ich an. Ich brauche gar nichts zu sagen. Als ich die Schlüssel zeige, greift der Praktiker sofort in die Tasche seiner Arbeitshose. Ein schneller Schnitt mit der Zange, fertig. Zwei Dollar bekommt er. „Einen für das Durchtrennen, einen für die Schnelligkeit“, erkläre ich schmunzelnd dem Unbekannten. Berni hat es sich schon längst abgewöhnt, sich über meine Extratouren zu wundern. Stattdessen streckt er die Faust aus für Stufe eins.

27. und 28. Tag

Wir tanken Sonne am Pool, baden im Meer, sehen in freier Wildbahn Pelikane, Alligatoren und Delfine. Wir shoppen im Luxuseinkaufstempel ‚Edison Mall’ und in den über 300 Geschäften des ‚Fleamasters Fleamarket’. Vor dem Restaurant geparkte, individuell gestylte Motorräder locken uns ins ‚Hooters’. Wohlproportionierte Bedienungen in Miniröcken servieren uns leckere ‚Buffalo Sticks’, das sind frittierte Hähnchenfiletstücke. Fortan werden wir Stammgäste, besuchen abwechselnd die Lokale mit den großen Neonröhren-Eulen in

Ft. Myers, Cape Coral und Estero Beach. Bowlingbahn, Schießplatz und Autohändler. Es kommt keine Langeweile auf. Unser neuer Nachbar im Motel ist ein skurriler Freak. Hager und braungebrannt. Nur mit einer Badehose bekleidet, fährt er auf einem Fahrrad kreuz und quer durchs Land. Mike hat einen Angelhaken und einige Meter Schnur dabei, um sich selbst zu verpflegen. Die gefangenen Fische grillt er sich über dem Lagerfeuer. Im Vergleich mit dem exzentrischen Joe fühlen wir uns wie Pauschaltouristen.
Ein Abenteuer besonderer Art erwartet uns beim Packen. Wie befürchtet, müssen wir etliche Sachen zurück lassen. Um jedes Teil wird gefeilscht. Alle Reisetaschen sind bis zum Bersten voll. Die Waffe habe ich bereits in Einzelteile zerlegt, sorgfältig verpackt und in zwei Sendungen per Einschreiben an L.C. in Vegas versandt. Die Munition verschenke ich auf der Shooting Range. Abends rechne ich anhand meiner Notizen überschlägig aus, wie viel mich diese Traumreise gekostet hat. In Euro, wobei ich die Ausgaben in Dollar zum aktuellen Wechselkurs umrechne. Mal sehen: Flug 400, Auto 400, Einwegmiete 250, Benzin 200, Übernachtungen 750, Verpflegung 250, für Trinkgelder, Eintrittspreise und Sonstiges veranschlage ich 200, Einkäufe und Geschenke rechne ich nicht mit. Also ziemlich genau 2,5 K - 2500 Euro. Für eine vierwöchige Traumreise nicht zu viel, wie ich finde.

Zurück in die Alte Welt

29. und 30. Tag

Das Auschecken am Abreisetag dauert eine Minute, die Rückgabe des Leihwagens drei Minuten, das Einchecken am LTU-Schalter zehn Minuten. Die Kontrolle der aufgegebenen

Reisetaschen, die durchleuchtet und zusätzlich von Hand durchsucht werden, mehr als eine geschlagene Stunde. Die Personenkontrolle fünf Minuten, jeder Fluggast muss die Schuhe zur Untersuchung ausziehen. Wir haben Glück, dass die Warteschlange kurz ist. In Charlotte, North Carolina, habe ich schon einmal zwei Stunden vor einer Sicherheitsschleuse warten müssen. Wir starten am Nachmittag pünktlich auf die Minute. Ich brauche wieder Nicotine Patches, Berni kommt ohne aus. Unsere Maschine ist fast voll. Die Hoffnung auf eine freie Sitzreihe zum Schlafen ist dahin. Dafür ist der Flug aber durch die starken Ostwinde über dem Atlantik eine Stunde kürzer als der Hinflug und verläuft störungsfrei. Gutes Essen, zwei Kinofilme und aufmerksames, freundliches Bordpersonal. Nach 7650 Flugkilometer landen wir um 06.30 Uhr in Düsseldorf. Mit der Deutschen Bahn geht es nach Hause. Das war's dann wohl. War es das wirklich? Die Neue Welt übt eine magische Anziehungskraft aus. Wir sind jetzt beide dem ‚American Way of Life' und dem Zauber des nordamerikanischen Kontinents verfallen. „Das war nicht das letzte Mal!", sind wir uns einig und schwelgen bereits jetzt in Erinnerungen.

III. ANHANG mit Unterhaltungswert (Erlebnisse & Tipps)

1. Sicherheit/Waffen/Schießen

„Gott erschuf die Menschen, Samuel Colt made them equal."
Um es schon vorweg ganz deutlich zu sagen: die USA sind ein sicheres Land. Auf dieser Reise und auch bei meinen vielen

Aufenthalten zuvor bin ich nicht ein einziges Mal in eine bedrohliche Situation geraten. Natürlich gibt es auch hier Kriminelle, Jugendgangs und Brennpunkte. Vorsicht walten lassen, kann niemals schaden. Keine großen Bargeldbestände haben oder gar zeigen, keine wertvollen Gegenstände sichtbar im Auto liegen lassen, schlechte Wohnviertel meiden. Sofern vorhanden, Hotelsafe benutzen, besondere Vorsicht in Großstädten, Vergnügungsvierteln und an Tankstellen walten lassen, vor allen Dingen bei Dunkelheit. Zimmertür verriegeln und Sicherheitsbolzen einhaken. Niemanden reinlassen.
Eine Tatsache ist allerdings auch, dass es in den USA etwa 400 Millionen Schusswaffen gibt.
Ein Auszug aus den Beschränkungen für den Waffenbesitz in den einzelnen Bundesstaaten aus dem Jahre 1978 gefällig?! Kentucky: keine Beschränkungen. Arizona: Faustfeuerwaffen dürfen nur offen, nicht verdeckt (conceiled) getragen werden. Alaska: Kinder unter 14 Jahren benötigen zum Waffenkauf die Einwilligung der Eltern. Die Waffenlobby, allen voran die NRA (National Rifle Association), hat einen sehr starken Einfluss, es geht schließlich um einen milliardenschweren Markt. Politische Vorstöße sogar einiger Präsidenten, den Waffenerwerb und -besitz zu erschweren, wurden meist im Ansatz erstickt. Immerhin gilt seit etlichen Jahren die „Three-Days-Wait“. Konnte man vorher den Revolver im Geschäft gleich mitnehmen, muss man jetzt immerhin drei Tage warten, bis man ihn ausgehändigt bekommt. So sollen spontane Straftaten unterbunden werden. Nicht betroffen von dieser Einschränkung sind Schrotflinten (Shotguns), die man in fast jedem Supermarkt rund um die Uhr kaufen und sofort samt Munition mitnehmen darf. Selbstverständlich auch mit Pistolengriff und kurzem Lauf, als „Juniorwaffe“.

Jeder Ami kann leicht an eine Schusswaffe kommen, in einigen Städten ist der Besitz sogar Pflicht!

Da ich nicht wehrlos einer bewaffneten Straßengang, einem Räuber oder auch nur einem betrunkenen Pick-Up-Fahrer mit Schrotflintenhalterung am Rückfenster gegenüberstehen möchte, habe ich zur Wahrung der Waffengleichheit stets versucht, ebenfalls in den Besitz einer Schusswaffe zu gelangen. Zur Selbstverteidigung in einer Situation auf Leben und Tod. Einfach in ein Waffengeschäft gehen und absolut legal eine Waffe erwerben, geht nicht mehr. Besitzen darf man sie, aber wie an eine gelangen? Der Möglichkeiten gibt es viele. Ich bin jedoch kein Rechtsexperte nicht sicher, ob alle angesprochenen Erwerbmöglichkeiten legal sind. Das Waffenrecht ändert sich zudem ständig. Dringend empfehle ich daher, sich vor dem Erwerb einer Waffe nach der Rechtmäßigkeit zu erkundigen. Vor Ort bei einem Fachmann, Waffenhändler, Rechtsanwalt oder Sheriff. Nichts Illegales tun, das könnte böse Folgen haben!

1. Auf einer Gunshow. Werden fast in jedem Landesteil veranstaltet. Immer an Wochenenden. Orte und Termine erfährt man übers Internet, durch Plakatwerbung oder auf Nachfrage bei Waffenhändlern. Hätte man einen US-Führerschein aus dem Staat, in dem die Show stattfindet, könnte man die Waffe seiner Wahl sofort mitnehmen, die „3-Days-Wait" gilt hier nicht. Also vor dem Eingang des Veranstaltungsortes, meist einer großen Halle, auf private Verkäufer warten. Größte Chance am Samstag sofort nach Veranstaltungsbeginn. Die Verkaufswilligen erkennt man sofort, tragen ihre Waffen gut sichtbar. Interesse bekunden, möglichst wenig sprechen, um sich nicht als Ausländer zu outen. „How much?" und „Okay" reichen völlig aus. Bargeld und Waffe wechseln den Besitzer. Name oder Ausweis

interessieren nicht. Die Waffe ins Auto gebracht und in der Gunshow die passende Munition besorgt, die ist frei verkäuflich.

2. Aufgrund einer Annonce in der Tageszeitung. Waffen stehen in den Kleinanzeigen unter „Sporting Goods“, „Guns“ oder „Miscellaneous“. Große Auswahl, niedrige Preise, aber problematisch. Längeres Gespräch erforderlich, Verkäufer will nach dem 9.11. fast immer den US-Ausweis sehen. In vielen Staaten, wie z.B. Nevada und Arizona, müssen Käufer und Verkäufer im örtlichen Sheriff-Office den Verkauf beglaubigen lassen. Kaum noch praktikabel. Allenfalls bei geldgierigen Verkäufern, denen man den doppelten oder dreifachen Preis bietet.

3. Auf eine öffentliche Schießanlage, Public Shooting Range gehen. (Yellow Pages, Internet oder Nachfrage im Waffengeschäft). Beobachten, wer mit einer Klapperkiste kommt und wohl dringend Geld benötigt. Einfach fragen, ob er zu einem deutlich über dem Zeitwert liegenden Preis verkaufen will. Klappt gelegentlich. Erfordert jedoch Fingerspitzengefühl und Geduld.

4. Eine Waffe leihen für die Dauer des Urlaubs. Gegen Sicherheitsleistung und Leihgebühr. Von einer Privatperson. Kreativität ist gefordert, „nothing is impossible“!

5. Wer „nur“ eine Schrotflinte möchte, hat in allen Staaten die Möglichkeit, in einem 24 Stunden geöffneten Supermarkt ab etwa 300 $ eine zu kaufen. Allerdings nur mittelbar. Entweder leiht man sich für ein dickes Trinkgeld einen US-Führerschein oder bittet einen Einheimischen, für 100 $ mitzukommen und die Waffe auf seinen Namen zu kaufen. Auch hier sind Menschenkenntnis, Lebenserfahrung und eine überzeugende Begründung erforderlich. Gute Ansprechstellen sind z.B. Bars oder die Schnellvermittlung der Arbeitsämter. Grund: Selfprotection.

6. Völlig frei verkäuflich sind Signalpistolen. In Emergency-Kits enthalten. Verfügbar in der Waffenabteilung von Walmart. Gefertigt zu 98 % aus Hartplastik. Patronen im Shotgunkaliber 12/40. Zur Selbstverteidigung auf Nahdistanz oder zum Herbeirufen von Hilfe gleichermaßen geeignet.
Kosten inklusive 3 Leuchtpatronen etwas über 30 $.
Neuerdings erhält man für etwa $ 50 einen handlichen, zigarettenschachtelgroßen 1-Million-Volt Elektroschocker.
Munition bekommt man fast überall. In Supermärkten, in General Stores in kleinsten Käffern, auf Gunshows, auf Schießplätzen, in Sportgeschäften zwischen der Angelsport- und z.B. der Baseball-Abteilung und natürlich in speziellen Waffengeschäften oder auch Pawnshops (An- und Verkauf). Normale Vollmantelgeschosse zum Üben, Schrotpatronen für Kurzwaffen gegen Klapperschlangen, Holopoint-Patronen zur Selbstverteidigung. Am Besten sind die „Star-Fire“ oder „Gold-Dot“ Patronen. Das sind Holopoint-Geschosse mit Sollbruchrillen in der Ummantelung mit größerer Pulverladung. Ein Schuss damit auf eine Wassermelone macht diese zu einem undefinierbaren Brei. Das Problem ist nicht, Munition zu bekommen, sondern die Packungsgröße. Die kleinste Packungsgröße sind oftmals 50 Schuss. Zu einem lächerlich niedrigen Preis. Um die Waffe führen, also am Körper in der Öffentlichkeit tragen zu dürfen, bedarf es einer speziellen Erlaubnis, der „Conceiled Weapon License“. Der Besitz an sich ist legal, das Bereithalten im Ferienhaus oder Motelzimmer auch. Dieses Recht ist sogar in der Verfassung verankert. Im Auto darf sich die Waffe auch befinden, allerdings ist hierfür eine „Two-Step-Safety“ vorgeschrieben. Das Schießeisen darf also nicht auf dem Beifahrersitz liegen, da man bereits mit einem Griff die Waffe in der Hand hätte. Im Handschuhfach aufbewahrt, erfüllt man bereits die Sicherheitsvorschrift.

Handschuhfach öffnen ist Schritt eins, Waffe ergreifen, Schritt zwei. Gleiches gilt für den trunk (Kofferraum). Bewahrt man die Waffe im Handschuhfach auf, sollte man unbedingt die Fahrzeugpapiere und den Führerschein woanders aufbewahren. Wird man wegen eines Verkehrsverstoßes von der Polizei angehalten, läuft man sonst Gefahr, beim Griff in das Handschuhfach erschossen zu werden.
Die Deputys leben gefährlich und legen verständlicherweise sehr großen Wert auf ihre Eigensicherung. Transportieren sollte man Waffen innerhalb der USA vorzugsweise im Auto. Niemals als Handgepäck mit ins Flugzeug nehmen. Wenn schon, dann ohne Munition und zerlegt ins aufgegebene Gepäck. Wer sich mit seiner neuen Waffe vertraut machen will oder einfach nur gerne schießt, hat jede Menge Möglichkeiten dazu. Es gibt große Waffengeschäfte mit eigener „indoor-Schießbahn". Hier können Waffen vor dem Kauf ausprobiert werden. Problematisch seit dem 11. September.
Vielerorts gibt es öffentliche Schießplätze. Hier herrscht von Sonnenauf- bis -untergang ein reges Treiben. Jung und Alt, Arm und Reich, Männer und Frauen sind hier anzutreffen. Die besondere Tradition im Umgang mit Waffen macht's möglich. Eintritt wird nicht erhoben. Und tierisch Ernst geht's hier auch nicht zu. Nicht nur auf Ring- oder Silhouettenzielscheiben wird geballert, auch auf mit Wasser gefüllte Plastikflaschen und Dosen sowie Kürbisse und Wassermelonen. Nur den Müll muss man selbst wegräumen. Gehörschutz und Schießbrille, die für wenige Dollar in jeder Walmart erhältlich sind, wie auch Reinigungsgerät für alle Kaliber, sollten getragen werden. Einer der Schützen wird zum Verantwortlichen gewählt, der die Kommandos „Range 's hot" und „Range 's cold" gibt. Wiederladen der Munition ist aus Kostengründen sehr beliebt. Da sammelt dann schon mal jemand fabrikneue Patronenhülsen

auf, wenn die Schießbahn gerade kalt ist und die Zielscheiben kontrolliert oder neue Ziele aufgestellt werden. Eine große Familie. Und ganze Familien sieht man häufig. Überall stehen Picknicktische mit Feuerstellen, die Schießanlagen sind ein beliebtes Ziel für einen Sonntagsausflug mit BBQ. Eigene Schießstände gibt es stets für Gewehre, Pistolen und Revolver sowie für Shotguns.

Auch in einsamen, menschenleeren Wüsten- und Gebirgsregionen kann man schießen, wenn dies gefahrlos möglich ist. Oft legen einschlägige Requisiten Zeugnis dafür ab, dass man nicht als Erster der Meinung war, hier sei ein geeigneter Ort zum Ballern. Keinesfalls auf wildlebende Tiere schießen (Alligatoren, Bären, Rehe). Dafür kann man ins Jail kommen.

Für Militaria-Freaks bieten Schießplätze der Nationalgarde und des Militärs die Gelegenheit, mit Maschinengewehren, Bazookas und sogar Panzern zu schießen. Einer dieser Plätze liegt in Hot Springs, südwestlich von Little Rock in Arkansas. Das ist allerdings ziemlich teuer.

Ist der Urlaub zu Ende, Waffe zurückgeben, falls geliehen. Sonst im Bankschließfach lagern oder an einem sicheren Ort vergraben. Die Waffe zuvor mit einer Mischung aus acht Teilen Vaseline (Walmart oder Walgreens) und zwei Teilen Waffenöl vollständig präparieren und mehrfach in Frischhalte- und Alufolie einwickeln. Alternativ in einen kleinen Plastikbehälter legen, mit billigem Motoröl randvoll füllen, Deckel mit Silikon zukleben. Diesen kleinen in einen etwas größeren Tupper-Topf stellen und nochmals mit Öl und Silikon präparieren. Ort kennzeichnen und genau notieren.

Als ich allein in Las Vegas war, hatte bei den Reisevorbereitungen die Beschaffung einer Schusswaffe zur Selbstverteidigung höchste Priorität. Eine Gunshow fand in dieser Zeit weit und breit nicht statt. Was tun? Eine Signalpistole hätte mir im Nachhinein betrachtet, schon ausgereicht. Aber die sah ich später erstmals aus Zufall beim Kauf von Spezialmunition in einer Walmart in Colorado. Die Überlegung, einem Fremden eine Driving License abzukaufen, lasse ich nach halbherzigen Versuchen in diese Richtung schnell wieder fallen. In den Kleinanzeigen der Tageszeitungen stehen jede Menge Waffen zum Verkauf. Ich rufe an, aber jeder Verkäufer fragt mich, ob ich denn „domestic/local“ sei. Schade, denn die angebotenen Waffen sind vielfältig und preiswert. Es nützt nichts, ich brauche zur Umsetzung meines Vorhabens einen vertrauenswürdigen Einheimischen. Stundenlang bin ich auf der Suche. Vor der Schnellvermittlung für Arbeitssuchende, direkt östlich des Stratosphere-Towers gelegen, vor der Zulassungsstelle und weiß der Kuckuck, wo sonst noch. Schließlich wird es mir zu dumm und ich beschließe, mich im Pokerraum umzusehen. Auch dort habe ich zuerst nicht den gewünschten Erfolg. Fast alle Spieler sind Touristen aus anderen Landesteilen, aber ich brauche einen aus Nevada. Meinen Stammplatz am Pokertisch wähle ich so aus, dass ich den Eingang des Pokerraums im Blick habe. Jeder neue Spieler wird von mir gemustert. Endlich, am fünften Tag meiner Reise, betritt nach Arbeitsende gegen 17 Uhr ein Schwarzer den Raum und setzt sich an meinen Tisch. Er ist den Dealern gut bekannt und aus den Gesprächen entnehme ich, dass er in North Las Vegas wohnt. Es ist L.C. Auf mich macht er einen seriösen und sympathischen Eindruck. Nach nur einer Stunde Spielzeit verlässt er den Raum. Ich folge ihm und spreche in an. Er hört mir zu, ist aber sehr skeptisch. Nachdem ich mein Anliegen geschildert habe, erbittet er Bedenkzeit. Am nächsten Tag käme er zur selben Zeit wieder zum pokern, dann ließe er mich seine

Entscheidung wissen. L.C. kommt tatsächlich. Im Keno-Saal klären wir die Einzelheiten.
Er erhält 200 $ Provision, den Kaufpreis für die Waffe sowie nach Beendigung meiner Reise die Waffe zur Aufbewahrung. Als Sicherheit will er meinen Ausweis und mein Flugticket zurück nach Europa sehen. Wir gehen auf mein Hotelzimmer, um mit den Inserenten zu telefonieren. Jetzt habe ich die Qual der Wahl. Soll ich den Desert Eagle nehmen, „44 Magnum, new in box, fired 6 times, $1000 obo, Call 491-xxxx“, die stärkste Faustfeuerwaffe der Welt, entwickelt in Israel? Obo ist übrigens die Abkürzung für „Or best offer“. Nein zu teuer, zu groß, passt nicht ins Handschuhfach. Ich bin auch nicht auf Großwildjagd. Dann doch lieber die „Beretta 92FSP, 3/15 round clips, 9mm, $500, 450-xxxx“. Das war mal die Waffe es Jahres *Gun of the year*. Und drei 15-Schuß-Magazine sind geil. Magazine mit mehr als 10 Schuss sind neuerdings den „Law enforcement“-Kräften vorbehalten. L.C. will vor dem Telefonat einen Alternativplan entwickeln, für den Fall, dass die Waffe bereits verkauft ist und sagt: „Now take plan B.“ Ich lache lauthals, erkläre ihm, dass ich diesen Spruch schon oft als deutsche Übersetzung in amerikanischen Fernsehserien gehört habe, aber noch nie im Original. Die Stimmung ist gut, das Vertrauen zwischen uns wächst weiter. L.C. telefoniert in meinem Beisein fast 5 Minuten, erkundigt sich nach dem Zustand der Waffe, erfragt die Adresse des Verkäufers und vereinbart einen Besichtigungstermin für heute, 19 Uhr. Er bringe einen Bekannten mit, mich, der Ahnung von Waffen habe. Okay. L.C. ruft einen Kumpel an, der Taxi fährt. Bewaffnet natürlich. Logo. 38er Smith & Wesson. Kumpel Sam holt uns in einem betagten Taxi vorm Hotel ab. L.C. hat einen Freundschafts-Festpreis von 20 $ für Hin- und Rückfahrt vereinbart. Obwohl der Verkäufer in Las Vegas wohnt und kaum Verkehr herrscht, dauert die

Fahrt länger als eine halbe Stunde. Wir sind eben in Amerika. Als wir ankommen, erwarten uns in der hell erleuchteten Garage der Verkäufer und dessen Kumpel. Ich prüfe den Zustand der Waffe, L.C. redet und verhandelt. Die Beretta ist eine brünierte Police-Ausführung mit Softgummigriffschalen in bestem Zustand, Neupreis über 800 $. Als der Verkäufer die Garantieunterlagen und den Originalkarton aus dem Haus holt, zeigt uns der Kumpel stolz seine 9mm Glock. „Sicher ist sicher, was?“, scherzt L.C. „Never sell a gun without a gunner“, erhält er zur Antwort im Brustton der Überzeugung. Und Munition werde nicht mitverkauft, aus Sicherheitsgründen. Es wäre schließlich nicht das erste Mal, dass ein Verkäufer mit seiner eigenen Waffe erschossen worden sei. Man wird handelseinig. 450 $. L.C. hat von mir vorher 300 $ erhalten, die er jetzt gegen Quittung als Anzahlung leistet. Man verabredet sich für den nächsten Mittag zum Sherifftermin. Dort wird der Verkauf registriert, L.C. soll dann die Waffe gegen Restzahlung ausgehändigt bekommen. Danach wird er sie mir geben und sein restliches Geld erhalten.
Wir fahren zurück zum CC. Gut gelaunt verdoppele ich den Fahrpreis. Sam hat draußen im Taxi lange warten müssen, auch er ist leidenschaftlicher Pokerspieler. Tags darauf kommt L.C. mit einem Päckchen ins CC. Wir gehen gemeinsam zu meinem Auto. Er fragt mich, ob ich eine Straßenkarte dabei habe. Ich gebe ihm meinen Rand McNally. Nur zur Tarnung, erklärt L.C. Während wir uns unterhalten, liegt der Atlas auf seinen Knien und er tut so, als erkläre er mir den Weg. Geld und Waffe wechseln die Besitzer. Munition ist nicht dabei, die kaufe ich später. Ich erhalte L.C.'s Adresse, seine Telefonnummer habe ich bereits. Vor meinem Rückflug werde ich L.C. aus Florida die auseinandergenommene Waffe gut verpackt in zwei Sendungen ohne Munition als *Registered Mail* zur

Aufbewahrung zusenden. Sie bleibt mein Eigentum und wartet an der Westküste auf meinen nächsten Besuch. Zum Abschied schütteln wir uns herzlich die Hände. „Take care“ sagt L.C. Er wollte schon immer mal nach New Orleans und wünscht sich eine Ansichtskarte. Versprochen!

2. EROTIK

Zu diesem Thema kann ich Einiges aus eigener Erfahrung beisteuern, das Meiste stammt aus den glaubhaften Schilderungen Dritter. Vor allem am Pokertisch erhielt ich von den männlichen Mitspielern einschlägige Informationen und Erlebnisberichte.
In fast jeder Stadt ab 30.000 Einwohnern gibt es ‘Nude-Bars’. Die öffnen bereits mittags. Überwiegend seriöses Publikum. Meist eintrittsfrei. Ein Getränk kostet 2 bis 4 $. Je nach Staat legen die Amateurtänzerinnen einen Striptease hin bis zur völligen Nacktheit oder alles ab bis auf einen winzigen String. Lockere Atmosphäre, gesellschaftsfähig, keine Abzocke. Nicht vom äußeren Eindruck täuschen lassen. Die Gebäude wirken von außen oft abstoßend wie Bruchbuden. Nicht nach ganz vorne an die Bühne setzen, die Tänzerinnen erwarten dann Trinkgeld. Regelmäßig wird den Gästen ein ‚private dance’ angeboten, kostet etwa 20 $. Einfach mal zuschauen, diese Privattänze finden in aller Öffentlichkeit statt. Mehr läuft nicht. Garantiert. Gucken und Appetit holen, aber zu essen gibt’s nur zu Hause. Nach den lokalen Nudebars erkundigt man sich einfach bei einem männlichen Einheimischen. Der war mit Sicherheit auch schon da und wird nicht dumm schauen.
In L.A. gibt es eine Nude-Bar vom Allerfeinsten. In unmittelbarer Nähe des Airports am Century Boulevard W zwischen einer Unterführung und einer Brücke, 100 Meter

neben einem Dennis-Restaurant gelegen, befindet sich 20 Meter von der Hauptstraße entfernt in einer Hofeinfahrt ein grünes, unscheinbares Holzhaus. In diesem Schuppen ziehen sich junge Frauen bei fetziger Musik völlig aus, die ausnahmslos Playmate des Monats sein könnten.
Etwa ein Dutzend dieser Traumfrauen in allen Hautfarben sind bereits ab 11 Uhr morgens zu bewundern. Aus Zufall bin ich vor zehn Jahren auf den Laden gestoßen und bin natürlich gespannt gewesen, ob noch immer solche Topmodells auftreten. Ja, Berni ist mein Zeuge, jedes dieser Girls kann sich mehr als sehen lassen.
Wer nicht auf nackte Tatsachen, sondern auf bekleidete Schönheiten steht, ist im Hooters richtig. Lange Beine, große Oberweite, hübsche Gesichter. Leider gibt es Hooters nur in Florida und Las Vegas. In Vegas findet man auch in manchen Casinos Bedienungen, die Männeraugen zum Leuchten bringen. Darüber habe ich an anderer Stelle bereits berichtet.
Prostitution ist meines Wissens fast überall in den USA verboten. Ausnahmen waren lange Zeit New Orleans und Las Vegas. In Vegas gibt es noch immer eine Vielzahl professioneller Liebesdienerinnen, die ihre Dienste in Zeitungen, Prospekten und Gratismagazinen anpreisen.
Die Preise sind happig. Zweihundert Dollar allein für die Anfahrt zum Hotelzimmer, alles Weitere ist Verhandlungssache. Mir ist jemand bekannt, der solch ein Mädchen bestellt hatte. Als er die Zimmertür öffnete, stürmten gleich zwei Bordsteinschwalben in die Suite. Er war so klug, beide sofort rauszuschmeißen und den Sicherheitsdienst des Hotels zu rufen. Eine Hure hätte ihn sonst wohl abgelenkt, um der anderen freie Hand zu verschaffen. Aus Furcht vor Racheakten der Zuhälter hat der Gast dann die ganze Nacht den Sicherheitsdienst auf dem Flur patrouillieren lassen.

In N.O. sahen wir am frühen Morgen im French Quarter auf offener Straße ausgezehrte Drogensüchtige, die ihren Körper feilboten. Nicht einmal auf zehn Jahre genau konnten wir deren Alter einschätzen. Ekelerregend. Arme Kreaturen. Leblose Hüllen. Mit Erotik hat das rein gar nichts zu tun. Ich erwähne es auch nur der Vollständigkeit halber in diesem Zusammenhang. Im ganzen Land gibt es Callgirls. In den gelben Seiten findet man sie unter ‚Escort-Service'. Finger weg vom Telefon! Auch nicht nach dem Preis für eine ‚Begleiterin' erkundigen. In den USA gibt es eine Rufnummererkennung wie bei ISDN- oder Handyanschlüssen. Kaum hat man wieder aufgelegt, klingelt das Gerät hartnäckig. Manchmal den ganzen Tag, wird mir berichtet. Und wenn dann auch noch die eigene Frau den Hörer abnimmt...
Außerdem ist Prostitution illegal. Wer es trotzdem ausprobieren möchte, darf sich nicht beschweren, wenn eine abgetakelte, hässliche Nutte klingelt und sehr viel Geld fordert. Oder die Polizei ihn gar wegen einer Straftat verhaftet.
Nicht sonderlich empfehlenswert sind die Erotik-Shows oder Revuen der Casinos in Las Vegas. Aber wie sagt man so schön: Probieren geht über studieren.

3. Zocken

In den meisten Staaten der USA herrscht ein Spielverbot. Aber auch da gibt es Ausnahmen.
Indianerreservate genießen oftmals weitreichende Selbstständigkeit. Dort kann das Spielen dann erlaubt sein. In Florida beispielsweise herrscht generelles Spielverbot. Nicht aber im Seminolen-Reservat in den Everglades. In Immokalee gibt es ein Casino. Provinziell, nicht sonderlich empfehlenswert. Lieber an Bord eines Casinoschiffes gehen, die es überall an

Floridas Küsten gibt. Man fährt gut eine Stunde, bis man die Hoheitsgewässer verlassen hat, zockt etwa 2 Stunden und fährt wieder zurück. Fast jede Spielart wird angeboten. Nun liegt aber nicht jeder Staat am Meer. Dann fliegt man einfach dahin, wo das Zocken erlaubt ist. Kanada, Karibik, Atlantik City, Reno oder Las Vegas. Auch in New Orleans soll es Casinoschiffe gebe. Ich habe es aber nicht ausprobiert. Bleiben wir in Las Vegas als Beispiel. Hier ist die Versuchung allgegenwärtig. Automaten fast überall. Im Flughafen, in Tankstellen, in normalen Restaurants, sogar in Toiletten stehen die Geldfresser. Statistisch ist hier die Gewinnchance am Kleinsten. Am Größten wohl beim Roulette, wenn man einfache Chancen (schwarz/rot, manque/passe, pair/impair) spielt. Nämlich Fifty-fifty, wäre die Null nicht. Eintritt wird nirgends erhoben. Getränke sind meist frei. Damit der Nachschub zügig klappt, sollte man den Bedienungen pro Getränk trotzdem einen halben oder ganzen Dollar Trinkgeld (Tip) geben. Tip für den Dealer/Croupier ist weltweit üblich. Allerdings haben nicht alle Casinos einen Tronque, eine gemeinschaftliche Trinkgeldkasse. Vielerorts ist es üblich, dass jeder Mitarbeiter sein Trinkgeld persönlich erhält. Außerdem ist es üblich, beim BJ den Tip als ‚sidebet' zu setzen. Nur wenn der Trinkgeldgeber das nächste Spiel gewinnt, erhält auch der Dealer das dann verdoppelte Trinkgeld. Wahrscheinlichkeitstabellen gibt es kostenlos aus dem Internet (www.thewizardofodds.com) oder vor Ort. Es gibt viele Spieler, die sich mit Erfolg sklavisch daran halten. Aber wenn diese Spielweise das non-plus-ultra sein sollte, warum liegen diese Tabellen zu Hauff kostenlos bereits im Flughafen aus? Würden die einflussreichen Casinos dem nicht einen Riegel vorschieben? Ich jedenfalls bin mit meiner variablen Methode gut gefahren und hatte zudem den psychologischen Vorteil, mich bei höheren Einsätzen nicht totkaufen zu müssen. Wer sich gegen einen BJ der Bank versichert, hat hier sowieso nichts zu suchen. Ebenso wenig derjenige, der Zehnen splittet („Never split a ten“). Hingegen kann man sich schon mal den Spaß machen, bei geringem Einsatz einen BJ als elf werten zu lassen, zu verdoppeln und eine weitere Karte zu „erkratzen“. Gerade dann, wenn man an einem ‚Single Desk-Tisch' sitzt, wo nur mit einem 52er Blatt gespielt, ein BJ nur mit 6:5 ausgezahlt wird und der Dealer eine 5 oder 6 offen liegen hat. Die BJ-Karten dürfen nur mit einer Hand angefasst werden. In ein laufendes Deck kann man nicht einsteigen. Hinsetzen und Mischvorgang abwarten. Ungewohnt, dass an manchen Tischen „Soft 17“ gespielt wird. Kommt die Bank mit einem As auf 17, zieht sie weiter. Möchte man nicht mit Chips sondern mit Bargeld spielen, legt man die Scheine mit dem Kopf nach unten hin. Der Dealer ruft dem Supervisor zu, „Money plays“. Face up bedeutet wechseln. Gewinne ab etwa 10.000 $ an einem Tag müssen versteuert werden. Bei Tischspielen schon beim Hinsetzen die Players-Card (PC) auf den Tisch legen. Die wird vom Supervisor registriert. Beim Automatenspiel PC in einen Leseschlitz einführen. Man erhält abhängig von Spielzeitdauer und Einsatzhöhe Punkte, die zu Belohnungen wie Showtickets, Restaurantgutscheine oder Gratisübernachtungen führen. Ob man gewinnt oder verliert, spielt dabei keine Rolle. Die Punkte verfallen nach einem Jahr spielerischer Abstinenz. Im Bellagio muss man sechs Stunden täglich BJ für 100 $ Einsatz spielen, um eine Gratisübernachtung zu erhalten. Die PC in jedem Casino beantragen, bevor man an zu spielen fängt. Die PC ist kostenlos, man muss jedoch einen Lichtbildausweis vorlegen. Oft erhält man schon dann kleine Geschenke, Coupons oder Gratisjetons. Hier erhält man auch Regelbroschüren für alle angebotenen Spielarten. Normalerweise entfallen bei Vorlage einer PC auch die Gebühren, wenn man mit einer Kreditkarte

Bargeld holt. In kleineren oder abseits gelegenen Casinos kann man auch verhandeln. „Ich spiele noch 2 Stunden weiter, wenn ich das Zimmer für die Hälfte kriege“.
Funktioniert oft. Travellerschecks werden ohne Gebühren „gecasht“, auch in 500er oder 1000er Stückelung. Ausweispflicht. Auch Fremdwährungen werden in den großen Casinos gewechselt, sogar zu einem annehmbaren Kurs. Mir persönlich gefällt das Pokern am Besten. Unterschiedlichste Varianten und Einsatzlimits, angenehme Atmosphäre, kostenloses Essen, nette Unterhaltungen, Chance auf einen Jackpot, Festbetrag-Bonus für ein verlorenes Full-House. Gute Fachliteratur gibt es leider nur auf Englisch, einfache Lektüre auch auf Deutsch z.B. bei www.amazon.de oder com. Rund um die Uhr ist mindestens je ein Tisch geöffnet für Stud, Omaha und Texas Hold'em. Poker ist hier fast ein Nationalsport. Es gibt sogar Weltmeisterschaften. Stolz bin ich nicht auf meine relativ hohen Gewinne beim BJ, sondern darauf, dass ich mich beim Pokern behauptet habe und im „long therm“ mit einigen Dollars im Plus war. Nachdem ich einen alle anderen nervenden, aufgedrehten, angetrunken und unablässig plappernden („I'm hot, I'm hot!“) Vertreter aus Newark/New Jersey eiskalt mit 3 Assen auflaufen lasse, ihn auch rhetorisch demütige und verstummen lasse, steige ich in der Achtung der Mitspieler gewaltig. Fortan reserviere ich vom Zimmertelefon beim Pokerraummanager „Hi, this is Joe. I'll come for stud in half an hour.“ Mich erwartet stets ein freier Platz. Gut, vielleicht liegt's auch an meinem obligatorischen Tip für ihn...
In einigen Casinos gibt es Sonderräume für Reiche, die hier alles spielen dürfen. Ein Mathematiker rechnet die Quote aus. Kenne ich nur vom Hörensagen.
In den Zimmern befinden sich Wandtresore, in die man bei jedem Verschließen zwei Quarter einwerfen muss! Der Inhalt ist

nur bis etwa 2.000 $ versichert. Große Beträge daher im Hotelsafe aufbewahren. Das schützt exzessive Zocker auch vor spontanem Nachsetzen, also letztlich vor sich selbst. Ins Casino keine Geldbörse oder Brieftasche mitnehmen. Taschendiebe. Besser steckt man den Personalausweis in die Gesäßtasche, denn nach dem 11.September 2001 muss man häufig eine „Photo-ID" vorweisen, und das Bargeld vorzugsweise in einer Geldscheinklammer (moneyclip) in die Hosentasche. Im Südwesten gibt es diese als hübsche Indianerhandarbeiten für etwa 10 $.

IV. ANHANG mit Ratgebercharakter (Tipps und Hinweise)

Reisevorbereitung

Der **Reisepass** muss mindestens ein Jahr gültig sein. Obwohl nicht erforderlich, habe ich ein B-2 Visum der US-Botschaft im Pass, der mir einen halbjährlichen Aufenthalt ermöglicht.
Seit Anfang 2004 wird von Visumreisenden bei der Einreise ein Foto gemacht und sogar die Fingerabdrücke digital gespeichert. Wer ein Visum besitzt, sollte sich daher überlegen, doch besser als Tourist visafrei und nicht erkennungsdienstlich behandelt einzureisen.
Berni hat kein Visum, darf deshalb nur 3 Monate am Stück drüben bleiben. Neuerdings benötigen selbst Kleinstkinder einen eigenen roten Reisepass. Neuerungen beachten!
Einreiseformulare. Jeder Reisende mit Visum muss ein weißes Einreiseformular I-94 ausfüllen, ohne Visum ein grünes I-94W-Formular. Zusätzlich pro Familie ein Zollerklärung.

Ich habe immer einen ausreichenden Vorrat zu Hause, die ich ausgefüllt mit an Bord nehme. So erspare ich mir Stress im Flieger. Tragen Sie auf jeden Fall den Ort Ihrer ersten Übernachtung ein, auch wenn Sie noch nicht wissen, wo das sein wird. Holiday Inn in Miami z.B. ist ausreichend, ohne Adresse. Wenn nicht, zieht sich die Einreiseprozedur extrem in die Länge und alle Beteiligten haben Stress. Neuerungen beachten!

Führerschein (alter nationaler reicht, akzeptiert werden auch EU-Führerscheine oder internationale in Verbindung mit einem nationalen)

Personalausweis

Mindestens eine **Kreditkarte**, am besten VISA oder MASTERCARD, muss jeder dabei haben.

Auch eine normale **Bankkarte** (früher EC-Karte) mit dem Maestro-Symbol ermöglicht drüben Barabhebungen an ATM's (Automatic Teller Machines / Geldautomat) für einen Dollar ($) Gebühr (VORHER Gebühren vergleichen).

Reisekrankenversicherung abschließen oder genügend Kreditspielraum haben. Bei Krankheiten oder Verletzungen wollen die Ärzte und Hospitäler Cash sehen.

Einen **Adapter** für alle Geräte, die Strom brauchen. Die Stecker und die Spannung (110V) drüben sind anders. Und Handy, Videokamera, Fön, Elektrorasierer etc. brauchen nun mal „Saft". Es gibt hier in D Weltstecker zu kaufen, notfalls geht man in den USA zur Kette Radio-Shack und holt sich einen Adapter für 2,99 $ plus Steuer. Diese Steuer ist von Staat zu Staat unterschiedlich und beträgt zwischen 7 und 16%. Mit Ausnahme von Benzin ist diese Steuer nicht mit ausgezeichnet und wird beim Bezahlen an der Kasse draufgeschlagen.

Natürlich habe ich auch $-**Bargeld** dabei, kleine Scheine, höchster Wert 20 $, größere Scheine werden oft nicht angenommen wegen Falschgeldgefahr oder in Ermangelung von Wechselgeld. Oft genug habe ich erlebt, dass in Bad Neighbourhoods/schlechten Wohngegenden gelegene Geschäfte oder Tankstellen neben der Kasse ein Tresor mit Einwurfschlitz steht, in den die eingenommen Scheine 10 $ oder größer, sofort eingeworfen werden, um keinen Anreiz für Raubüberfälle zu bieten. Auch einige Quarter /**25-Cent-Stücke** gehören zur Grundausstattung. Für Münztelefone, Automaten (die jedoch zu 90 Prozent auf die Annahme von Banknoten umgerüstet sind) oder Autobahn- / Brückenmaut.

Euros getrost zu Hause lassen. Die werden nur in Las Vegas gewechselt.

Fehlen dürfen auch keine **Reiseschecks**. Trotz des einprozentigen Kaufaufschlags sind sie durch den besseren Kurs meist billiger als Bargeld, sind gegen Diebstahl und Verlust versichert und sollten in großer, platzsparender Stückelung (500er oder kleiner erhältlich, bei Bargeld ist der höchste Schein ein Hunderter) gekauft werden. Am besten von American Express, weil ihre Akzeptanz am größten ist und sie drüben bei mindestens einer örtlichen Bank ohne Gebühr zu Bargeld gemacht werden können. Mit Cash bezahlen ist meist sinnvoll. Es entfällt die ein bis zweiprozentige Gebühr für „Einsatz der Kreditkarte in Fremdwährung“ und das Wechselkursrisiko, wenn man zu einem günstigen Kurs Reiseschecks gekauft hat. Bei meiner Abreise kostete der Dollar 84 Eurocent (1 € = ca. 1,18 $), bei meiner Rückkehr 88 c, sechs Wochen später nur noch 76 und im Oktober 2009 gar 67 c.

Wer **Medikamente** benötigt, sollte sich unbedingt einen großzügig bemessenen Vorrat mitnehmen (keine Rezepte, die sind genauso exotisch und wertlos wie ein Krankenschein). Vitaminpräparate, Aspirin, eigentlich alle

rezeptfreien/prescription free Arzneien und Körperpflegemittel sind drüben deutlich billiger als bei uns.
Filme und Camcorderkassetten von hier mitnehmen. Billiger und garantiert kompatibel.
Englisch-Wörterbuch, eventuell Spanisch-Wörterbuch, notfalls drüben für ca. 5 $ z.B. bei „Books a million" kaufen.
Internetadresse für unterwegs zulegen, geht kostenlos.
Unbedingt ins Gepäck gehören jede Menge **Mitgliedsausweise** und Reiseunterlagen wie Hotel- und Leihwagengutscheine/**Voucher.**
Flugtickets. Leider ein Dschungel. Preise ändern sich oft und stark. Wer es sich leisten kann, ein wenig zu pokern, wird die Tickets in der Regel um so billiger bekommen, je kürzer er vor Reiseantritt bucht. Kann aber auch in die Hose gehen. Generell gilt, dass die amerikanischen Gesellschaften wie USAir, American Airlines, Northwest, Continental, Delta in den Staaten ein Drehkreuz haben, wo Sie fast immer umsteigen müssen. Das bedeutet Umwege, Wartezeiten, Stress beim Erreichen von Anschlussflügen, lange Gesamtreisezeit. Etwas teurer ist das deutsche Lufttransportunternehmen Air Berlin (früher LTU). Dafür bietet das Düsseldorfer Unternehmen aber von mehreren deutschen Flughäfen Direktflüge u.a. nach Miami und im Sommerhalbjahr nach L.A. an. Gutes Essen, guter Service, ausreichend Beinfreiheit, allesamt deutsch sprechende Stewardessen und im Preis enthaltenes Bahnticket. Ich kenne den Unterschied und habe nach LTU-Flügen das Gefühl, einen Urlaubstag gewonnen zu haben. Auch Condor bietet ab Frankfurt preiswerte Non-Stop-Flüge zu zahlreichen US-Flughäfen an. Wer ohne Rücksicht auf Verluste nur nach dem niedrigsten Preis sucht, sollte über internet-reisebüros suchen.
Leihwagen auf jeden Fall in Deutschland buchen! Erheblich billiger als vor Ort. Selbst wenn Sie im Internet bei den US-

Anbietern Schnäppchenpreise sehen: Finger weg. Auf den genannten Preis kommen jede Menge Steuern (da sind sie sehr kreativ: vier, fünf verschiedene Steuer, sogar eine Batteriesteuer), überteuerte Versicherungen und sonstige Kosten drauf und am Ende zahlen sie den zwei- bis dreifachen Preis des vermeintlichen Schnäppchenpreises.
Ein seriöser und sehr preiswerter Anbieter ist holiday-autos.de in München. Ich habe oft Preise verglichen und habe stets bei dieser Firma gebucht, die hauptsächlich mit Alamo / Budget zusammenarbeitet, ohne es jemals bereut zu haben. Ich kenne USA-Besucher, die seit Jahren die billigste Leihwagenkategorie buchen und vor Ort ein -fast- kostenloses Upgrade erhalten. Man erklärte mir die Vorgehensweise so:

Auto vor Abflug in Deutschland buchen. Billigste Klasse. Fühererschein- und sonstige Daten bereits auf das entsprechende Formular in Englisch eintragen, das den Buchungsunterlagen beigefügt ist. Vor Ort in den USA:
Das Auto NICHT während der Kernzeiten (8-18h) abholen. Dann sind Festangestellte da. Warten, bis die unterbezahlten Hilfskräfte ihren Dienst angetreten haben. Die Tip-Höhe ist unterschiedlich, abhängig von Verleihfirma, Autotyp und Leihdauer.
Ein bis zwei $20-Noten offen und möglichst nur für Deinen Angestellten sichtbar auf die Theke legen. "I would like to get a free upgrade. That's for you." Jetzt hast Du eine 70:30 Chance, dass es klappt. "No additional incurances!" Initial, initial, sign, Sir! Falls es im Office nicht geklappt hat, nimm den ursprünglich gebuchten Fahrzeugtyp und geh' nach draußen. Die Typen sind in Zonen abgestellt. Du kannst Dir von den dort befindlichen Fahrzeugen deiner Klasse ein beliebiges aussuchen. Wenn Du Glück hast, stehen da nur sehr wenige.

Dann, oder auch sonst, bleibst Du einfach einige Minuten unschlüssig stehen. Es wird dann der Fuhrparkmanager auf Dich zukommen und Dich fragen, ob etwas nicht stimme.
Und ob etwas nicht stimme, antwortest Du. Irgendeine vorgeschobene, kreative Begründung (zu wenig Auswahl, Deine Lieblingsfarbe ist nicht dabei, das Reisebüro hat Mist gebaut, Deine Beine sind zu lang, keine ausreichende Kopffreiheit etc.). Er macht dann sein Namenskürzel auf Deinen Zettel und schreibt die neue Kategorie drauf. Zu diesen Upgrades ist er befugt. Bedank' Dich herzlich und biete ihm einen Zwanziger an. In der Regel wird er diesen sogar ablehnen. Jetzt suchst Du Dir einen netten Schlitten aus (Tempomat sollte schon drin sein), fährst zur Schranke und gut ist's.

Notfalls fährst Du mit dem gebuchten Auto erst einmal zum Hotel. Am nächsten Tag, oder wenn der Tank fast leer ist (Du bekommst ohne Berechnung ein anderes Auto mit vollem Tank) fährst Du zu einer anderen Zeit (Früh-, Spät-, Nachtdienst) zum Autoverleiher. Aufpassen, welche Einfahrt. Nicht RETURN, sondern VISITORS. Du gehst rein, sagst, dass Dir das Auto nicht gefällt oder da so ein komisches Geräusch von der Antriebsachse kommt, dass Du langjähriger Stammkunde bist und jetzt, quasi als Schmerzensgeld für entgangene Urlaubsfreunde oder Schadensersatz, erwartest, einen free upgrade zu bekommen. Zu 100% bekommst Du ein anderes, voll getanktes, zu 75% ein besseres Auto.

Reiseliteratur aus der örtlichen Bibliothek kostenlos entleihen und studieren. Ich habe etwa zwei Dutzend gelesen. Manche sind total veraltet. Die angegebenen Preise haben sich inzwischen verdoppelt oder verdreifacht. Nützliche Hinweise kann man aber fast jedem entnehmen. Die beiden besten und nützlichsten Reiseführer habe ich dann auf die Reise mitgenommen. Dies waren der Baedeker USA (ISBN 3-87036-280-4) und „USA-Südwesten“ von Volker Mehnert, Verlag Martin Velbinger (ISBN 3-88316-065-2).

Straßenkarten bekommt man als Mitglied oder über ein Mitglied kostenlos vom ADAC.
Rechtzeitig drum kümmern, kann einige Wochen dauern. Notfalls übers Internet www.amazon.de oder .com für ca. 10 € bestellen.

Gepäck abhängig von Reisezeit, Reisedauer, Reiseroute, Transportmittel (Pkw, Motorrad, Wohnmobil), Anzahl der Reisenden. Auf jeden Fall keine Koffer, sondern Reisetaschen/Rucksäcke verwenden. Man kann den vorhandenen Stauraum besser ausnutzen und ist auch sonst flexibler.

Handy. Nur Tribandhandys funktionieren drüben. Noch besser sind Quadbandhandys.

Mitgliedsausweise

Natürlich **Vielfliegerausweise** für jede Fluggesellschaft, mit der man fliegt und für die es Meilengutschriften beim Flug, beim Übernachten in Hotels und beim Anmieten von Leihwagen gibt. Die kann man problemlos und absolut kurzfristig im Internet beantragen. Da die Originalausweise erst Wochen später kommen, die Mitgliedsbestätigung, die per Email kommt, ausdrucken, ausschneiden, unterschreiben und in beidseitige Plastikfolie einkleben, indem man beispielsweise eine

Klarsichthülle zurechtschneidet. Sieht nicht gut aus, erfüllt aber den Zweck. Nicht einmal hatte ich mit solch provisorischen Ausweisen Probleme, ergatterte jedoch jede Menge geldwerter Vorteile. Als ich wusste, dass ich mit America West einen Inlandsflug machen werde, habe ich sofort unter www.americawest.com meine Mitgliedschaft im Vielfliegerprogramm FlightFund beantragt. Minuten später hatte ich per Email meine Mitgliedskarte und -nummer, die ich wie zuvor beschrieben bearbeitete und beim Einschecken vorlegte. Beim Beantragen gibt es oftmals eine Hürde, die zwingend erforderliche Angabe einer Telefonnummer. Das Programm ist dabei meist so angelegt, dass man nur eine amerikanische Telefonnummer eingeben kann, die stets exakt zehnstellig ist. Gibt man eine mit Null beginnende oder achtstellige Nummer ein, gibt das System eine Fehlermeldung und die Anmeldeprozedur kann nicht beendet werden. Mein Tipp: einfach eine fiktive Nummer eingeben oder die Nummer eines US-Hotels/Motels, in dem man übernachten wird. Gleiches gilt für die Anschrift. Akzeptiert das System die europäische Adresse nicht, einfach die Hoteladresse angeben mit dem Zusatz c/o (care of/zu Händen von). Also Thomas D. Meier (keine Umlaute verwenden wie ä, die sind drüben unbekannt, sondern ae schreiben, den Anfangsbuchstaben (Initial*)* eines zweiten Vornamens verwenden oder erfinden) 377 East Flamingo Road, c/o Quality Inn, Las Vegas, Nevada 89109.
Als Telefonnummer die des Hotels, also (239)785-8143. Ob die Mitgliedsunterlagen tatsächlich ankommen, ist unerheblich, man hat ja bereits seine Mitgliedsnummer per Email erhalten und kann später irgendwann per Email die Adresse richtig stellen. Kleinere Hotels lagern aus eigener nerviger Erfahrung keine Gästepost, sondern senden die Post an den Absender zurück (return to sender*)*. Die Post für mich ans Quality Inn hat mich

nie erreicht. Andere Unterlagen, die ich mir ans Circus Circus Hotel nach Las Vegas senden ließ, habe ich hingegen problemlos erhalten. Eine weitere Möglichkeit ist die Zusendung postlagernd. Beispiel: Mr. XYZ, General Delivery, Main Post Office, Las Vegas, NV. ZIP Das kommt an, auch ohne fünfstellige Postleitzahl (ZIP). Sicherer ist es aber mit ZIP. Die findet man unter www.USPS.com.

Auch viele **Hotelketten** gewähren Vorteile für Inhaber eines -kostenlosen- Mitgliedsausweises, beispielsweise die Quality-Kette unter www.choiceprivileges.com

Hotelbuchungen sind unabhängig vom Mitgliedsstatuts oftmals bei vielen Hotelketten bei Buchung via Internet (special internet-rates) deutlich verbilligt. Bei der Motel 6 – Kette haben wir davon oft zusätzlich profitiert.

Leihwagenfirmen bieten ebenfalls Mitgliedschaften an. Einfach mal im internet surfen. meist unter www. -name des Verleihers, z.B. avis- .com

Hilfreich ist auch eine „triple-a“ discount card. Die **AAA** ist das US-Gegenstück zum deutschen Automobilclub **ADAC**. Bei vielen Gelegenheiten (manche Hotels, Vergnügungsparks etc.) erhält man bei Vorlage 10 Prozent Rabatt oder mehr. Wenn Sie Mitglied im ADAC sind, lassen Sie sich die Karte schicken. Falls nicht, kennen Sie bestimmt jemanden, der Mitglied ist und bitten ihn, sich eine Karte oder Karte und Straßenkarten schicken zu lassen. Die Karte ist Blanko, der Name und die Mitgliedsnummer müssen selbst eingetragen werden.

Na ja, wird mancher Leser denken, das war bislang aber nichts Neues für mich.

Mag sein, aber wie ist es mit der **AARP**?

Die American Association of Retired People ist eine Seniorenvereinigung. In den USA gilt man schon mit 50 Jahren als Senior. Eine sehr große Zielgruppe mit gewaltiger Kaufkraft,

die entsprechend umworben wird. Ansehnliche Rabatte in fast jedem Geschäftsbereich.
Motel 6 beispielsweise gab keinen AAA-Rabatt, wohl aber 10 Prozent AARP-Rabatt. Jahresbeitrag für ein Paar (Berni und ich waren zu diesem Zweck, obgleich Heteros, ein Paar) 12 $. Allerdings nur bei Wohnsitz innerhalb der USA. Für Europäer wird's deutlich teurer, so um die 30 $. Also hatten wir unter www.aarp.org als Wohnsitz das Circus-Circus in NV angegeben. Kein Problem. Die Kreditkarte wurde mit 12 $ belastet, nach wenigen Minuten bekam ich meinen Mitgliedsausweis mit Nummer per Email zum Ausdrucken (nur für den Antragsteller, der Partner bekommt seinen Ausweis per Post). Man hat sogar die Qual der Wahl zwischen rund zwei Dutzend Anreden/Titeln wie Prediger oder General. Einer von beiden Partner sollte schon ein Geburtsdatum angeben, das rechnerisch ein Alter von 50 Jahren ergibt. Wie alt Sie tatsächlich sind, wird ebenso wenig kontrolliert wie die Berechtigung der Anrede. Wenn Sie nicht gerade ein „Milchbubigesicht“ haben, interessiert das Niemanden. Außerdem können Sie selbst dann noch behaupten, mit einem 50jährigen Partner zusammenzuleben, der aus gesundheitlichen Gründen leider die Reise nicht mitmachen kann.
Players-Cards werden im Kapitel ‚Zocken' behandelt.
Welche Ausweise sonst noch hilfreich sein können, entscheiden Sie selbst angesichts Ihrer persönlichen Situation. Sollte man Ihnen bei irgendeiner Gelegenheit drüben eine kostenlose Mitgliedschaft antragen, zuschlagen! Oft habe ich im Nachhinein bereut, solch ein Angebot ausgeschlagen und auf geldwerte Vorteile verzichtet zu haben. Wenn Sie zur Sicherheit bei

solchen Gelegenheiten unbedingt niemals ihre Kreditkartennummer angeben, haben selbst unseriöse

Mitgliedschaften (von denen mir keine bekannt wäre) angesichts Ihres Wohnsitzes in Europa keinerlei nachteilige Folgen.

Hotels/Motels

Es gibt Hotelketten, die im Voraus bezahlte Übernachtungsgutscheine anbieten. Aus vielerlei Gründen halte ich nichts davon. Hotels sind viel teuerer als Motels. Noch teurer sind meist Lodges oder Inns. In L.A. bezahlt man sogar 15 $ alleine für einen Autostellplatz auf dem Hotelgelände. Weil man auf Reisen die Zimmer meist nur zum Schlafen nutzt, kann der zusätzliche Komfort nicht genossen werden. Nicht zu unterschätzen ist der Nachteil, sein Gepäck weit schleppen zu müssen. Bei einem Motel parkt man direkt vor der Zimmertür. Rabatte durch Internetbuchung, Mitgliedsausweise, freie Verhandlung oder als Geschäftsreisender nutzen. Bei der Reservierung immer etwas zum Notieren der Buchungsbestätigungsnummer zur Hand haben. Schon jetzt Wünsche äußern wie Erdgeschoss, Nichtraucher, Kingsize-Bett, Mikrowelle oder nebeneinanderliegende Zimmer. In der Regel reicht beim Einchecken die Nennung des Namens aus. Alle Buchungsdaten sind im Computer gespeichert. Trinkgeld beim Ein- oder Auschecken ist in Motels nicht üblich, bei bevorzugter Behandlung aber angemessen und willkommen. Kleingeld oder einen Dollar sollte man für das Zimmermädchen aufs Kopfkissen legen. Für telefonische Reservierung in der Lage sein, den eigenen Namen auf Englisch buchstabieren zu können. Eine Kreditkarte bereithalten. Beim Einchecken kann man trotzdem in bar bezahlen, wenn man möchte. Die Karte wird dann nicht belastet. Auf jeden Fall ist das Zimmer bei Buchung mit Karte verbindlich reserviert, auch noch frei, wenn man erst

mitten in der Nacht ankommt. Klimaanlage und Glotze haben alle Zimmer. Ein Full bed ist ein normales Einzelbett, Queensize ein Doppelbett, Kingsize ein besonders breites Doppelbett. In Ballungszentren und in der Nähe von Ausflugzentren sind die Übernachtungspreise generell höher als anderswo. Auch freitags und samstags sind die Preise höher als an den anderen Wochentagen. Eine Eismaschine gibt es überall. Die Benutzung kostet nichts. Wir haben unsere Kühlbox hier immer wieder mit Eiswürfeln aufgefüllt. Alle Hotel oder Motelketten haben Broschüren, denen zu entnehmen ist, wo sich die Häuser dieser Ketten befinden, wie man dort hin gelangt und wie teuer sie sind. Auch eine 800er Telefonbuchungshotline ist üblich. Die Nebenkosten für Telefonieren, Reinigung und andere Zusatzleistungen sind kettenabhängig sehr unterschiedlich. Bereist man eine Gegend, in der sich kein Haus der betreffenden Kette befindet, sucht man sich ein anderes Motel. Die befinden sich meist nebeneinander an der Hauptzufahrtsstraße oder der Businessroute.
Die Eincheckprozedur habe ich bereits im Reisetagebuch behandelt, zum Auschecken gibt man einfach Schlüssel oder Schlüsselkarte an der Rezeption ab. Meist gibt es auf Wunsch auch einen kostenlosen Weckservice. In Häusern, die keiner Kette angehören, sollte man sich das Zimmer vorher zeigen lassen. Wir waren mit den Preisen, der gut erreichbaren Lage und der Sauberkeit des M6 sehr zufrieden. Preisliste und Motelverzeichnis kann man kostenlos bestellen unter www.motel6.com. Für Preise um 35 $ bekommt man ein Einzelzimmer und folgende Extras: Free morning coffee, free local calls, no long distance access charges, free expanded TV line-up (HBO, ESPN, ESPN2, CNN, TNT, CARTOON NETWORK, DISCOVERY and THE WEATHER CHANNEL),

Data ports in all rooms, Kids stay free (17 and under), at most locations Pool and Guest laundries.

Nationalparks

Aktuelle Nachrichten erhält man unter www.nationalparks.org oder www.nps.gov.
Es empfiehlt sich, gleich beim ersten Besuch in einem NP einen ‚National Park Pass' für 50 $ zu kaufen, früher bekannt als ‚Golden Eagle Pass'. Zwölf Monate lang darf man dann kostenlos mit allen Insassen des Autos sämtliche NP in den USA besuchen. Ausgenommen sind nur NP, die in selbstverwalteten Indianerreservaten liegen. Bei der Einfahrt in einen NP braucht man nur den NPP und eine Photo-ID vorzulegen. Beide Unterschriften müssen übereinstimmen. Kostenlos erhält man bei der Kontrolle Karten- und Informationsmaterial des Parks, Beschreibung der schönsten Aussichtspunkte, Touren, Rast- und Grillplätze, Information über Flora, Fauna, Geologie und Entstehungsgeschichte. Unbedingt zuerst das Visitors-Center aufsuchen. Individuelle, kompetente und für mich einmal lebensrettende Beratung durch Ranger. Fundgrube für Souvenirs, saubere Toiletten. Auch in den NP werden Verkehrsverstöße rigoros geahndet. Waldbrandgefahrenstufe beachten. In der Hochsaison mit Wartezeiten rechnen. Bei der Planung die oft zeitraubende, kurven- und steigungsreiche Anfahrt zum Park einkalkulieren. In den hochgelegenen NP mit frühem Wintereinbruch rechnen. Einige NP sind dann geschlossen. Die Eintrittspreise betragen ohne NPP zehn bis zwanzig Dollar pro Auto und Park für einen Tag. Innerhalb der NP zivile Preise für Verpflegung und Mitbringsel. Vorher tanken, in vielen NP gibt es keine

Tankstelle oder das Benzin ist überteuert. Fernglas nicht vergessen. Immer eine Kopfbedeckung tragen zum Schutz vor einem Sonnenstich. Getränke- und Nahrungsvorräte sollte man ohnehin immer mitführen. Keinesfalls die eigenen Kräfte überschätzen bei langen oder steilen Wanderungen.

Änderungen nach dem 11. September 2001

Nach dem Anschlag auf das World Trade Center hat sich vieles geändert. Es wurde sogar eine eigene Heimatschutzbehörde gegründet. Schon bei der Einreise benötigen selbst Säuglinge einen maschinenlesbaren Reisepass. Früher genügte ein Kinderausweis. Wer mit Visum länger als drei Monate bleiben möchte, muss sich an der Grenze fotografieren lassen und digitale Fingerabdrücke hinterlegen. Ich jedenfalls werde künftig nur noch visumfrei einreisen. ‚Big Brother is watching you!' Aktuelle Änderungen/Neuerungen im Reisebüro erfragen! Beim örtlichen Driving License Office bekam man früher für 5 $ eine ID-Card, für 20 $ nach bestandener Prüfung einen US-Führerschein. Auch ich hatte einen. Als ich ihn vor etwa zwei Jahren verlängern lassen wollte, wurde er eingezogen. Keinerlei Ausweise mehr für Nichtamerikaner. Damit hatte ich nicht gerechnet. Ein Tiefschlag für mich. Auch eine SSN, Social Security Number, gibt es nicht mehr. Immerhin habe ich noch eine ITIN, eine Steuernummer. Die beantragt man bei der IRS, www.irs.com/www.irs.gov und kann gelegentlich anstelle der SSN benutzt werden.
Früher war das Fliegen innerhalb der USA so unkompliziert wie das Busfahren. Keine Ausweispflicht, keine Gepäckkontrollen. Heute muss man selbst bei domestic flights mehrere Male den Ausweis vorzeigen, durch mindestens eine Sicherheitskontrolle

gehen und damit rechnen, dass nicht nur das Handgepäck sondern auch das aufgegebene Gepäck durchleuchtet und durchsucht wird. Schlösser werden dabei ohne Skrupel aufgebrochen. Bei der Personenkontrolle muss man sogar die Schuhe ausziehen.
Auch beim Einschecken im Hotel wird ein Ausweis mit Lichtbild verlangt. Früher undenkbar im Land der grenzenlosen Freiheit, in dem es noch nicht einmal eine Meldepflicht gibt. Es ist daher ratsam, den Personalausweis mitzunehmen, ist er doch handlicher als der Reisepass und erfüllt mit Ausnahme der Grenzkontrolle denselben Zweck. Auch beim cashen von Reiseschecks läuft nichts ohne Ausweis. Oft muss man sogar auf jedem Scheck einen Fingerabdruck platzieren. Alles lamentieren hilft nichts, es ist nun mal so, wie es ist - und es ist immer noch schön.

Autofahren

Angesichts der großen Entfernungen auch in Städten braucht man einfach ein Auto. Deshalb dürfen in den USA auch schon 15jährige Teenager den Führerschein machen, um zur Schule zu gelangen. Das Fahren macht Spaß. Großzügig angelegte Straßen, Kreuzungen und Parkplätze. Die Ampeln befinden sich nicht vor, sondern über oder hinter der Kreuzung. Rechtsabbiegen ist auch bei Rot erlaubt, nachdem man gestoppt hat. Bei mehreren Fahrstreifen in einer Richtung darf man rechts überholen. Nicht ohne Not die Spur wechseln, das ist gefährlich. An haltenden Schulbussen mit Blinklicht darf nicht vorbei gefahren werden. Es gibt Einmündungen und Kreuzungen (4-Stops) mit Stopschildern für jede Richtung. Alle müssen halten und fahren in der Reihenfolge des Haltens weiter. Das

funktioniert hervorragend. Privatfinanzierte Brücken, Tunnel und Straßen sind im Straßenatlas (besonders empfehlenswert: ‚The road atlas' von Rand McNally) grün eingezeichnet und gebührenpflichtig (Toll oder Fee). Anders als in Europa sind die Benutzungsgebühren sehr niedrig.
Das Fahren auf langen Strecken ist viel weniger anstrengend als hierzulande. Das durch Radar und sogar Flugzeuge streng überwachte Tempolimit sorgt dafür, dass die Geschwindigkeit aller Verkehrsteilnehmer fast gleich ist. Wenn 65 m erlaubt sind, fährt jeder 70. Die Highway-Patrol, Sheriffs, oder Statetrooper ahnden nur Geschwindigkeitsüberschreitungen von mehr als 5 m. Trucks dürfen meist genauso schnell fahren wie Pkw.
Für alle Leihwagen reicht das billigste Benzin, ‚Regular'. Rechtzeitig tanken. Preise vergleichen. Die Preisunterschiede von Staat zu Staat und Tankstelle zu Tankstelle sind beträchtlich. Im Benzinpreis ist die Steuer bereits enthalten, er beträgt knapp ein Drittel des deutschen Preises. Die Zapfsäulen sind gewöhnungsbedürftig. Vor dem Tanken muss ein Hebel hochgeklappt werden, oft ist Vorkasse erforderlich. Fast immer bei Dunkelheit. Der Durchschnittsverbrauch wird nicht angegeben in Litern pro hundert Kilometer, sondern in Meilen pro Gallone. „9,5“ bedeutet, dass dieses Auto mit einer Gallone Sprit neuneinhalb Meilen weit kommt. Druckluft für die Reifen kostet extra. ein oder zwei Quarter. Raststätten liegen nicht an den Interstates, sondern in unmittelbarer Nähe der Abfahrten. Die Beschilderung ist vorbildlich. Gerade Interstate-Nummern bezeichnen Ost-West-Verbindungen, ungerade Nord-Süd-Trassen. Dreistellige IS-Nummern findet man in Ballungsräumen. Ist die erste Zahl ungerade, führt die IS direkt in die City (Downtown) und endet dort. Ist sie gerade, führt sie durch die Innenstadt hindurch oder herum. Im Falle einer Autopanne die Motorhaube hoch stellen und zusätzlich ein

weißes Handtuch oder einen anderen weißen Gegenstand an der Antenne befestigen oder aufs Dach legen. Eines der nächsten Autos hält garantiert an.

Essen & Trinken

Mike, dem Radabenteurer, der sich in Mutter Natur zum Nulltarif selbst versorgt, können und wollen wir nicht nacheifern. Aber wir achten schon aufs Geld. Bevorzugt kaufen wir in Supermärkten günstige Getränke und Lebensmittel und essen in Schnellrestaurants. Unser „Grundnahrungsmittel" war der 1-$-Doublecheeseburger von McD. Auch der Literpott Kaffee für 85 c genoss unser Wohlwollen. In Filialen der Fastfoodketten fällt kein Trinkgeld an. Diese etwa 15 Prozent vom Rechnungsbetrag sind ein echter Kostenfaktor und sind überall dort fällig, wo das Essen am Tisch serviert wird.
Liest man das Schild ‚Wait to be seated', darf man sich nicht einfach setzen, sondern erhält seinen Platz angewiesen. In den USA gibt es für jeden Geschmack etwas. Spezialitäten sollte man unbedingt einmal ausprobieren. Besonders abwechslungsreich und vielfältig sind die Speisekarten im Süden und Südwesten. Vorsicht vor Chili! Raucher werden immer mehr aus den Restaurants und Bars verbannt. Das Leitungswasser ist oft stark gechlort. Nicht trinken. Wir haben uns sogar die Zähne mit Wasser aus dem Supermarkt geputzt. Hochprozentiges gibt es nur in Spezialgeschäften, Bier hingegen auch im Supermarkt und an der Tankstelle.
Bars und Restaurants benötigen zum Alkoholausschank eine teure Lizenz. Das macht erfinderisch. ‚**BYO**' an einer Eingangstür zu lesen, bedeutet, bring deine Getränke selbst mit ‚**B**ring **Y**our **O**wn'. In Fastfood-Läden werden Limo-Becher leer

verkauft. Die müssen dann an einer Zapfstelle selbst gefüllt werden. Refills are free. Man kann den bezahlten Becher kostenlos wieder auffüllen, so oft man will. Wasser und Eiswürfel gibt's kostenlos, ein eigenes Behältnis ist mitzubringen. An jeder Tankstelle erhältlich sind Getränke und kleine, warme Snacks zu vernünftigen Preisen. Die besten und preiswertesten Sandwichs bekamen wir bei ‚Seven-Eleven', rund um die Uhr geöffnet. Wer sich mal der Völlerei schuldig machen will, ist mit ‚All you can eat' gut beraten. Große Preisnachlässe werden oft außerhalb der Kernzeiten für Lunch und Diner offeriert. In Las Vegas locken die Casinos mit Dumpingpreisen für Buffetts oder spezielle Gerichte Gäste an. Natürlich führt der Weg zum Essen vorbei an vielen Spielautomaten. Offensichtlich rechnet sich das für die Abzocker.

Telefonieren

Ein Tri- oder Quadband-Handy mit Vertrag, nicht auf Guthabenbasis, gehört in Gepäck. Für Notfälle. In den USA senden die Handys auf einer anderen Frequenz als in Europa. Dann wählt man die 911, wie in D die 110. Sonst nicht benutzen, viel zu teuer. Zuhause vereinbaren, in dringenden Fällen SMS zu senden und Rückruf mit Telefonkarte abzuwarten.

Bernd hatte sein Handy ständig an, ich schaltete es nur abends kurz ein, um nach SMS oder entgangenen Gesprächen zu schauen.

In manchen Staaten hat man gar keinen Empfang, weil ein entsprechendes Roaming-Abkommen fehlt. In entlegenen Teilen des Südwestens fehlt die Mobilfunkinfrastruktur. Hier empfängt man auch kein einziges Radioprogramm. In den meisten Staaten jedoch absolut problemlos. Nach der Ankunft in der Walmart eine Prepaid-Telefonkarte kaufen. 30 bis 1000 Minuten zum Spottpreis. Damit kann man von jeder Telefonzelle oder Hotelapparat billig nach Hause telefonieren. 800er-Nummern sind kostenlos. Einige Hotels verlangen jedoch 50 Cent bis 1 $ pro Gespräch. In anderen Hotels wiederum sind Ortsgespräche vom Zimmer im Mietpreis inbegriffen, „free local calls". Das Telefon hat drüben eine weitaus größere Bedeutung als in D. Wer ein Notebook mitnehmen möchte, hat in vielen Hotelketten einen Internetanschluss auf dem Zimmer. Wir haben bewusst keines mitgenommen, wollten das Internet aber trotzdem nutzen. Das geht in Internet-Cafes, in den Business-Centern der Großhotels sowie auf dem Lande in öffentlichen Büchereien (libriary). Unbedingt bereits in D eine zusätzliche Internetadresse einrichten, die man von unterwegs abfragen kann. Kostenlose Anbieter gibt es reichlich, wir hatten eine www.gmx.net - Adresse. Hier kann man mit der Heimat kommunizieren, oder von günstigeren Internetraten bei der Hotelbuchung profitieren. Für den Empfang der Bestätigungs-Email ist eine vorgenannte Adresse unabdingbar. Ich habe zwar auch schon mal bei der telefonischen Reservierung frech nach der Internetrate gefragt und diese auch bekommen. Das traue ich aber nicht Jedem zu. Von den USA nach D wählt man 01149 vor und lässt die 0 der deutschen Vorwahl weg. Zeitverschiebung beachten. Wenn es in L.A. noon, als Mittag ist, bereitet man sich in D (21 Uhr) bereits aufs Zubettgehen vor. Die Vermittlung oder die Rezeption erreicht man meist mit der 0, die örtliche Auskunft mit der 411, die Auskunft einer anderen US-Stadt mit dreistelliger Vorwahl plus 411, das Zimmer des Mitreisenden in der Regel durch Wahl der Zimmernummer.

Blinkt am Zimmertelefon eine rote Lampe, hat man eine Nachricht oder Post. Die Rezeption anrufen und fragen.
Berni und ich hatten je ein Handy dabei, um uns im Bedarfsfall zu verständigen. Wir haben es ausprobiert, es funktionierte, haben jedoch nie davon Gebrauch gemacht.
Nie vergessen, ein oder zwei Quarter in der Tasche zu haben. Manchmal kann man von einem öffentlichen Telefon auch eigentlich gebührenfreie Nummern nur anrufen, wenn man eine Münze einwirft, die es am Ende des Gesprächs zurückgibt. Münztelefone gibt es noch immer massenhaft, in Restaurants, an Tankstellen, im Flughafen. Man merkt aber, dass sie nicht mehr wie früher fast an jeder Ecke stehen. Das liegt wohl an der zunehmenden Zahl von Handys.

Shopping

Shopping ist ein wesentlicher Bestandteil der amerikanischen Lebensart. Wer kein Geld hat, kauft auf Pump. Erst sparen, dann kaufen - unvorstellbar. Konsum, Konsum. In Zeiten eines schwachen Dollarkurses ist das Einkaufen in den USA für Ausländer besonders attraktiv und günstig. Textilien, Turnschuhe, Fahrzeuge, Kosmetika und Pharmazeutika sind erheblich billiger als bei uns. Oft kann man Neuheiten erwerben, die erst Jahre später bei uns erhältlich sind. Luxus-Malls zum klimatisierten Schaufensterbummel. Übergrößen bis 7-mal X in Länge und Weite zum normalen Preis erfreuen meine Reisekasse und implizieren das gute Gefühl, noch 3- bis 4-mal X in Reserve zu haben. Da schmeckt die große Pizza nach dem Anfall von Kaufrausch gleich doppelt so gut.
Gewöhnungsbedürftig ist, dass die VAT, die Mehrwertsteuer, nicht in den ausgezeichneten Preisen enthalten ist und an der

Kasse draufgeschlagen wird. In Kalifornien beträgt der Steuersatz gegenwärtig 14, in Nevada 9 Prozent. Bei sehr teuren Artikeln wie Jetski, Jacht, Auto oder Schmuck an die Möglichkeit denken, als Ausländer von der Steuer befreit zu werden oder sie sich erstatten zu lassen. Beim Versand kommen Kosten für ‚handling and shipping' hinzu.
Zum Bezahlen eignen sich Bargeld, $-Reiseschecks oder Kreditkarte. Größere Käufe in bar bezahlen zu wollen, erscheint suspekt. Bestimmt Falsch- oder Drogengeld. Lieber ein Brötchen für 10 c mit der Kreditkarte, als mit einem 20-$-Schein bezahlen.
Größere Scheine als 20er werden in vielen Geschäften überhaupt nicht akzeptiert und sollten bei Banken kostenlos in kleinere gewechselt werden. Zurzeit werden nagelneue, fälschungssichere 20er von der Notenbank ausgegeben. Beim Ausfüllen von Formularen, Datieren von Schecks und anderen Gelegenheiten auf die Schreibweise der 1, ein senkrechter Strich und der 7, ohne Querstrich, achten. Sonst wird aus einer eins schnell mal eine sieben. Das Risiko vor Verlust oder Diebstahl splitten. Unterschiedliche Zahlungsmittel, Aufbewahrungsorte und Personen. Berni bewahrte zu meiner Sicherheit in seinem Brustbeutel immer eine meiner Kreditkarten und die Kaufbelege der AMEX-Schecks auf. Angesichts desselben Formats und identischer Farbe aller Dollarnoten sehr aufmerksam sein. Preise vergleichen, auf Ausverkäufe und Sonderangebote (sales), sowie die neuerdings auch bei uns in Mode kommenden Coupons achten. Der Kauf im ‚factory outlet store' muss nicht immer am günstigsten sein. Und ‘fleamarkets' sind oft keine Flohmärkte, sondern eine Konzentration preiswerter Fachgeschäfte. Viel Spaß beim Einkaufen, wenig Stress beim Kofferpacken!

Das Auto und sein Zubehör

Wer wie wir den Kontinent durchqueren und durch entlegene, einsame Gebiete sowie abseits befestigter Straßen fährt, sich auch in gefährliche Viertel von Großstädten wagt, sollte gewisse Vorkehrungen treffen. Zuerst einmal sollte der Leihwagen nicht als solcher zu erkennen sein. Und da ist weiß schon eine Problemfarbe. Zudem führte ein Großteil unserer Fahrtroute durch Südstaatengebiet. Auch daran wollte gedacht sein. Hier die Maßnahmen, die wir aus vorgenannten Gründen vor Antritt der eigentlichen Reise bereits in Las Vegas trafen:

- Abseits der Interstates oder Ballungsräume tankten wir bereits, wenn der Tank halb leer war.
- Bei jedem zweiten Tankstop führten wir eine Sichtkontrolle durch.

Insbesondere achteten wir auf Reifen (schlechte Qualität), Beleuchtung, Karosserie und Ölstand.

- Wir brachten vorn anstelle des amtlichen Kennzeichens ein persönliches an „The unreachable Norbert" neben dem Indianermotiv „The end of the trail". (Wunschanfertigungen in Shoppingcentern oder Fleamarkets für ca. 20 $)
- Auf die Hutablage legten wir nebeneinander die Nationalflagge der USA, die Stars and Stripes und die Rebellenfahne der Südstaaten, das mit 13 Sternen versehene blaue Andreas-Kreuz auf rotem Grund, die wir mit jeder Menge Heftzwecken befestigten.

(In Souvenirgeschäften, Tankstellen oder Hardwaregeschäften für 2-10 $)

- Im Handschuhfach befand sich eine scharfe, durchgeladene 9-mm-Pistole mit Gold-Dot Spezialmunition und zwei 15-Schuß-Magazinen. Damit war die „Two-Step-Safety" gegeben, die gesetzlichen Bestimmungen erfüllt und das Vorhandensein der Waffe legal.

- Emergency Kit mit Signalpistole
- Seitlich klebten wir zwei „Stars and Stripes"-Sticker auf den Lack.
- Auf die Kofferraumklappe klebten wir einen grellen breiten Funsticker mit der Aufschrift: „My wife has a headache, are you available?" (Riesenauswahl an jeder Tankstelle, ab 1,99 $)
- An der Antenne befestigten wir erst mit Klebeband, später mit einem stabilen Clip zum Verschließen von Gefrierbeuteln eine Mini-US-Flagge im Format eines Briefumschlages C6 (Tankstelle, 0,99 $)
- An der Windschutzscheibe befestigten wir einen kugelförmigen, flüssiggelagerten Kompass (Autozubehörabteilung jedes großen Supermarkts, 2-9 $, je nach Qualität)
- Eine Taschenlampe im Innenraum, einen großen Strahler im Kofferraum (spottbillig, Outdoorabteilung Walmart, 2-9 $, nach Qualität)
- Sicherungssatz (fuses), Walmart 2 $
- Reservekanister 1 Gallone mit Premium gefüllt, Walmart/Tankstelle, ca. 3 $
- ein guter Straßenatlas, sehr empfehlenswert von Rand McNally „The Road Atlas" im DIN A 3 Format, je nach Geschäft 5- 12 $
- Abschleppseil (entbehrlich, hat fast jeder Pickup-Truck dabei, den man sowieso braucht, um freigeschleppt zu werden).
- Verbandskasten (gehört nicht zur Leihwagenausrüstung), haben wir vergessen, hätten ihn aber gut gebrauchen können
- Sonnenbrille!
- Handy für Notruf 911

- Zusätzlicher Becherhalter auf Armaturenbrett geklebt (Walmart, ca. 3 $)
- Kühlbox für Medikamente, Getränke, Süßigkeiten, leicht verderbliche Nahrungsmittel.

Unsere große 28-Quart-Box kostete knapp 10 $ in der Walmart. Eis dafür kann man in Säcken für 1 $ überall kaufen oder gibt's in Hotels/Motels kostenlos.

- Offiziersmesser oder Leatherman, mit Werkzeug dran
- Notverpflegung (Cracker eignen sich sehr gut)
- Reichlich Wasservorräte (mindestens eine Gallone pro Person, eine fürs Auto, besser mehr)
- Weißes Handtuch. An Antenne oder offener Motorhaube befestigt, hält garantiert eines der ersten beiden vorbeikommenden Autos. Auch für andere Zwecke nützlich.

Für die Compact-Klasse mit unbegrenzte Meilen, Super Max Paket, also erste Tankfüllung frei, unbegrenzte Anzahl von Fahrern, alle staatlichen und örtlichen Steuern sowie Gebühren, Vollkaskoversicherung ohne Selbstbeteiligung, voller Schutz gegen fahrerflüchtige oder unterversicherte Unfallgegner, haben wir bei www.holiday-autos.de in München für volle vier Wochen 814 € bezahlt, bei „nur" all inclusive wären es sogar noch etwa 100 € weniger gewesen. Diese Firma war stets am preiswertesten und bietet guten Service, z. B. Mietdauerverlängerung per FAX aus dem Urlaub.

Ein SUV (Sub-Urban-Van/Jeepklasse) ist zwar schön und praktisch, aber viel teurer als eine Limousine und eigentlich nicht erforderlich, wenn man nicht gerade jede Nacht campen will.

V. Liedtexte

1. THIS LAND IS YOUR LAND

Text und Musik von Woody Guthrie

Refrain:
This land is your land, this land is my land
From California, to the New York Island
From the redwood forest, to the gulf stream waters
This land was made for you and me

Der ***Refrain*** steht am Anfang des Liedes und wird nach jeder Strophe wiederholt,
nach der letzten Strophe zwei mal.

1. As I was walking a ribbon of highway
   I saw above me an endless skyway
   I saw below me a golden valley
   This land was made for you and me

2. I've roamed and rambled and I've followed my footsteps
   To the sparkling sands of her diamond deserts
   And all around me a voice was sounding
   This land was made for you and me

3. The sun comes shining as I was strolling
   The wheat fields waving and the dust clouds rolling
   The fog was lifting a voice come chanting
   This land was made for you and me

4. As I was walkin' - I saw a sign there
And that sign said - no tress passin'
But on the other side … it didn't say nothing!
Now that side was made for you and me!

5. In the squares of the city - In the shadow of the steeple
Near the relief office - I see my people
And some are grumblin' and some are wonderin'
If this land's still made for you and me.

2. THE YELLOW ROSE OF TEXAS

Volksweise, Melodie und Text überliefert

1. There's a yellow rose in Texas, that I am gon'a see
No other cowboy knows her, nobody else but me
She cried so when I left her, it like to broke my heart
And if we ever meet again, we never more shall depart.

REFRAIN:
She's the sweetest rose of colour, this cowboy ever knew,
Her eyes are just like diamonds, they sparkle like the dew
You may talk about some Georgia peach or sing of Rosa Lee
But the yellow rose of Texas is the only girl for me.

2. When the Rio Grand is flowing and the stars are shining bright,
we walked along together on a quiet summer night
She said, if you remember when we parted long ago,
She said you'll come back to me you know you love me so.

REFRAIN

3. And I am got to see her, my heart is full of woe
We'll sing those song together, we sang so long ago
We'll listen to the mandolin and remember days of yore
And the yellow rose of Texas will be mine for evermore.

REFRAIN

VI. Abkürzungen/Legende

$ = Dollar
E = East/Osten
€ = Euro
N = North/Norden
c = Cent
S = South/Süden
D = Deutschland
W = West/Westen
Quart = 0,95 Liter
McD = McDonalds
Gallon(e) = 3,79 Liter
N.O. = New Orleans
Ounce (oz) = 28,35 Gramm
MV = Monument Valley
° Fahrenheit = -32 x 0,556 ° Celsius
NP = National Park
Foot/feet (ft) = 0,3 Meter
M6 = Motel 6

FL = Florida
CA = Kalifornien
NV = Nevada
UT = Utah
AZ = Arizona
NM – New Mexico
CO = Colorado
TX = Texas
OK = Oklahoma

Meile (m) = 1,61 Kilometer	AR = Arkansas
CC = Circus Circus	
BJ = Black Jack	TN = Tennessee
PC = Players Card	
I oder IS = Interstate	MS = Mississippi
Tip = Trinkgeld	
US = Bundesstraße	LA = Louisiana
IL = Illinois	
HW = Highway/Landstraße	AL = Alabama
NFL = National Football League	GA = Georgia

VII. Anmerkungen des Verfassers

1. Dies ist kein Ratgeber oder Reiseführer im klassischen Sinne, sondern eine Reisebeschreibung mit Erlebniserzählungen und Hinweisen/Tipps.
2. Für die Richtigkeit, Vollständigkeit und Aktualität aller Informationen, die nach bestem Wissen niedergeschrieben wurden, wird keine Gewähr oder gar Haftung übernommen. Es sei an dieser Stelle dringend angeraten, sich bei autorisierten Stellen über die aktuellen Vorschriften und Gegebenheiten zu informieren. Einige Tipps mögen zeitlos gültig sein, andere, wie z. B. Preise, Einreisebestimmungen und Gesetzeslage, sind mit großer Wahrscheinlichkeit veraltet.
3. Der Autor beruft sich ausdrücklich auf seine schriftstellerische Freiheit.

4. Die Einwilligung zur Veröffentlichung von Wort und Bild meines Kumpels Berni liegt vor. Seine Rechte wurden an mich abgetreten.
5. Was erklärt mehr und besser als Tausend Worte? Richtig, ein Foto. Und was ist noch besser? Bewegte Bilder!
   Wir haben einen etwa 2,5 Stunden langen Videofilm gedreht. Hammer!
   Die unbearbeitete Rohversion auf 3 DVD's kostet 24,95 € inkl. Versand innerhalb Deutschlands und der EU. Das lohnt sich, „never seen before!"
   Überweisungen mit Kennwort USA-DVD und vollständiger Versandanschrift auf Konto von C. Jäger bei Postbank Dortmund, Kontonummer 987 642 463, Bankleitzahl 44010046.
   IBAN DE20 4401 0046 0987 6424 63, BIC PBNKDEFF
6. Es existiert vom Verfasser ein noch nicht als Buch veröffentlichtes Werk über eine dreiwöchige Pokerreise nach Las Vegas. Ein sehr locker und amüsant geschriebenes, etwa 30 Seiten umfassendes Tagebuch mit vielen nützlichen Tipps aus dem Jahr 2006/2007. Als Gratis-Anhang wird eine deutschsprachige Übersetzung von Fachbegriffen und Abkürzungen des internationalen Pokersports mitgeliefert.
   Verkaufspreis für die Zusendung per Email 4,95 €, als Ausdruck oder auf 3,5'' Diskette 7,95 € inkl. Versand. Überweisungen auf das oben genannte Konto, Stichwort Las Vegas + Liefer-Emailadresse oder Las Vegas/Print oder /Diskette mit voller Postanschrift.
7. Das Copyright für Buch, Video und Las Vegas-Tagebuch liegen beim Verfasser. Vervielfältigung, über den privaten Gebrauch hinausgehende Nutzung sowie auch auszugsweise Veröffentlichung, gleich in welchem

Medium einschließlich Internet, bedürfen meiner ausdrücklichen Genehmigung.
Es können Lizenzgebühren oder Schadenersatzforderungen fällig werden.

8. Kontakt: TheBrain00@aol.com

9. Rechtschreibfehler sind beabsichtigt. Wer einen findet, kann ihn behalten! Alte und Neue Rechtschreibung, Englisch und Deutsch: besser verständlich als „recht“ geschrieben. Sollten Sie, lieber Leser, zu Denjenigen gehören, die der Rechtschreibung einen besonders hohen Stellenwert beimessen, wird die Lektüre möglicherweise zur Qual werden. Als kleinen Trost lobe ich ein Gratisexemplar meines neuesten Pamphletes für den oder die Leser/in aus, welcher zum Stichtag 31.12.2020 die meisten Fehler gefunden hat.:)

Herstellung und Verlag:
Books on Demand GmbH, Norderstedt
ISBN 978-3-8391-3557-0